Herausgegeben von

Antje Watermann

Andrea Tomicek

# mixtipp BASICS

## Grundrezepte aus dem Thermomix®

LEMPERTZ

# IMPRESSUM

Math. Lempertz GmbH
Hauptstraße 354
53639 Königswinter
Tel.: 02223 / 90 00 36
Fax: 02223 / 90 00 38
info@edition-lempertz.de
www.edition-lempertz.de

Dieses Kochbuch wurde nach bestem Wissen und Gewissen verfasst.
Weder der Verlag noch der Autor tragen die Verantwortung für ungewollte Reaktionen oder Beeinträchtigungen, die aus der Verarbeitung der Zutaten entstehen. Die Rezepte wurden mit Liebe getestet, aber nicht an Tieren.

Der Markenname „Thermomix" ist rechtlich geschützt und wird nur als Bestandteil der Rezepte verwendet. Für Schäden, die bei der Zubereitung der Gerichte an Personen oder Küchengeräten entstehen, wird keine Haftung übernommen. Bitte beachte die Anwendungshinweise der Gebrauchsanweisung deines Thermomixgerätes.

 www.facebook.com/MixtippRezepte

Titelbild: Fotolia

Lektorat: Team Mixtipp, Christina Meuser

Layout/Satz: Ralph Handmann

Gesamtherstellung: CPI

Printed and bound in Germany

ISBN: 978-3-96058-974-7

Fotos: © Andrea Tomicek

© Fotolia.de: Patricia, freila, emuck, HandmadePictures, gioiak2, Lsantilli, radiomarlena, deniskarpenkov, Kitty, Marek Gottschalk, LianeM, photocrew, arinahabich, George Dolgikh, vm2002, olyina, tycoon101, Hetizia, katkalang, tunedin, kikovic, racamani, weseetheworld, Brenda Carson, Jenifoto, fredredhat, M.studio, annapustynnikova, pixelliebe, Doris Heinrichs, Robert Kneschke, Sabrina Cercelovic, Thomas Francois, Elena Schweitzer, Natasha Breen, Sushi, George Dolgikh, Ars Ulrikusch, aneta_gu, Sonja Birkelbach, saranni, xiquence, Christian Jung, picsfive, Printemps, Aleksandar Kosev, lilechka75, saratm, marysckin, Natalia Klenova, LiliGraphie, Swapan, udoflath1969, oxie99, Tobif82, dima_pics, Quanthem, tanacha, ArtCookStudio, fox17, wsf-f, Artem Shadrin, Stephanie Jud, WavebreakmediaMicro, Joana Kruse, Jürgen Feldhaus, robdoss, annadanilkova22, Renata Osinska, Westend61, Sushi, bluejeanstock, Christian Schwier, mythja, Deyan Georgiev, Inga Nielsen, MarcoBagnoli Elflaco, astrakanimages, Guerilla, MITO images, Johnér, Cavan Images, Rawpixel.com, Lsantilli, aletia2011, chrisberic, st-fotograf, Alena Ozerova, redpepper82

# INHALT

# SÜSSES

# GETRÄNKE

# GEWÜRZE & ZUCKERMISCHUNGEN

# DRESSINGS & DIPS

Team mixtipp – immer in Aktion.

# MIXT DU SCHON?

*Liebe Thermomixfreunde,*

Wer kennt das nicht? Der Thermomix steht in der Küche, man verwendet ihn fast täglich, aber oft fehlen in entscheidenden Situationen die richtigen Kniffe und Tricks. Wie koche ich einen Pudding im Thermomix richtig? Was muss ich beim Aufschlagen von Sahne beachten oder wie koche ich das perfekte Frühstücksei im Thermomix?

Wenn dir diese Fragen auch schon oft durch den Kopf gegangen sind, dann bist du hier genau richtig. Das Team Mixtipp hat gemeinsam mit Andrea Tomicek dieses Basis-Kochbuch mit vielen grundlegenden Rezepten, Tipps und Tricks gestaltet. Unsere Autorin hat sie in ihrer langjährigen Arbeit mit dem Thermomix gesammelt und möchte sie nun mit dir teilen. Die gesammelten Kniffe zu den unterschiedlichsten Themen haben wir in einer übersichtlichen Einleitung für dich zusammengefasst.

Die Rezepte lassen kaum eine Kategorie aus – von Aufstrichen über Gewürze bis hin zu Suppen, Joghurt, Sahne oder Eis. Egal, wo du schon immer nach dem perfekten Grundrezept oder dem Expertentipp gesucht hast, hier wirst du fündig werden.

Wir wünschen dir viel Spaß beim Entdecken des Buches sowie beim Ausprobieren der Rezepte und Tipps.

*Antje Watermann*

Herausgeberin, Edition Lempertz

## Was macht man wie…

## Tipps & Tricks mit dem Thermomix

## Für Anfänger, Wissensdurstige und Thermomix-Liebhaber

Oft weiß man nicht, wie und ob eine Zubereitung im Thermomix funktioniert und was die Multifunktionsküchenmaschine wirklich alles kann. Dieses Buch soll dabei helfen, den richtigen Umgang mit dem Thermomix zu erlernen und so das Kochen zu erleichtern.

Kirschen entkernen – geht das Messer dabei nicht kaputt? Eier kochen – über 10 Stück auf einmal? Selbst Gewürze herstellen? Wieso wird der Pudding eher zu Suppe? Kann ich vermeintliche Küchenabfälle weiter verwenden?

Im Umgang mit dem Thermomix gibt es Fragen über Fragen. In diesem Buch möchte ich viele deiner Fragen beantworten. Haushaltstipps für verschiedenste Lebensmittel und Grundrezepte wie z.B. Sahne schlagen sollen zudem den Alltag erleichtern und Fragen, die immer wieder auftauchen, klären. Die Tipps und Rezepte sind anwendbar im TM 5 und TM 31.

Im Folgenden habe ich dir einige allgemeine Tipps und Tricks rund um das Thema Resteverwertung und die Verarbeitung bestimmter Produkte zusammengefasst. Ich hoffe sehr, dir den Umgang mit deinem Thermomix und auch mit frischem Obst und Gemüse mithilfe dieses Buchs zu erleichtern. Worauf wartest du noch? Schwing den Kochlöffel und ran an den Thermomix. Viel Spaß beim Kochen, Experimentieren und Genießen!

## Aufstriche – Tipps (Kapitel Seite 14)

Oft bleiben vom Frühstück oder Abendbrottisch Reste übrig, die zwar noch völlig in Ordnung und essbar sind, aber nicht mehr so appetitlich aussehen und sich nicht mehr für andere Gerichte eignen. In diesem Buch zeige ich dir, welche leckeren Aufstriche du aus vermeintlichen Küchenabfällen zaubern kannst. Probiere doch mal folgende Varianten aus:

- Quark, gehackte Kräuter, Tomaten, Gurken, Paprika, Gewürze, Salz, Pfeffer
- Knoblauch, geraspelte Käsescheiben, Butter, Salz, Muskat, Pfeffer, Paprika, Kümmel, Ras el Hanou
- geräucherter Fisch, Crème Fraîche, Salz, Pfeffer, Zitronensaft
- gekochte Eier, Mayonnaise, Senf, Salz, grüner Pfeffer, Kapern
- Salami oder Schinken, Frischkäse, Feta, Pfeffer
- Gemüse, Kräuter, Frischkäse, Feta, Pfeffer

Du kannst dich bezüglich der Mengenangaben an den Rezepten im Kapitel Aufstriche orientieren. Dort bekommst du auch Informationen zu den richtigen Einstellungen sowie zur Haltbarkeit von Produkten.

## Suppen und Saucen – Tipps (Kapitel Seite 28)

### Abbinden von Suppen und Saucen
- Mit Reismehl: 100 g Milchreis, Risottoreis oder Vollkornreis etwa 30-40 Sekunden/ Stufe 10 pulverisieren.

**Mixtipp:** Wenn man ein Gericht mit Reismehl abbinden möchte, muss man das Reismehl ca. 4-5 Minuten mitkochen lassen. (Das ist bei Mehl oder Stärke nicht nötig.)

- Du kannst 2-3 Kartoffeln anstelle von Reismehl als Bindemittel bei Suppen verwenden – die Suppe kann dann aber eine längere Garzeit von 13-15 Minuten haben.
- Gib ein Stück getrocknetes Brot oder Brötchen in den Mixtopf und zerkleinere es einige Sekunden mithilfe der Turbofunktion. Fein gemahlen vermischst du es mit getrockneten Gewürzen deiner Wahl und du erhältst wunderbare Saucenbinder. Das Mischverhältnis kann 3:1 (also 3 Teile gemahlenes Brötchen auf 1 Teil Gewürz), aber auch 2:1 oder 1:1 betragen, je nach deinem Geschmack. Kombinationsmöglichkeiten sind:
  - asiatisch: Curry-Ingwer
  - Paprika-Chili
  - Pilzsauce: getrocknete Pilze aller Art
  - orientalisch: Ras el Hanout
- In Schraubgläsern trocken aufbewahrt helfen diese Saucenbinder beim schnellen Kochen und sparsamen Haushalten. Sie sind so ca. 4-6 Monate haltbar.

### Schnelle Suppeneinlage – im Linkslauf
- Aus Mett kannst du kleine Klößchen formen und am Ende der Garzeit nochmals 5-7 Minuten mitgaren.
- Mettwurst, Bockwurst, Frankfurter oder Tofuwurst am Ende 2-4 Minuten mitkochen.
- Suppennudeln brauchen im Linkslauf je nach Sorte 7-10 Minuten.

### Suppe verfeinern
- Ein Schuss Sherry oder Portwein verfeinert klare Suppen.
- Kurkuma oder Curry geben eine schöne Farbe, z.B. in Karotten- oder Kürbissuppe.
- Mit einem Schuss Sahne, Sojasahne oder Milch kannst du Cremesuppen verfeinern.

### Hoppla, zu viel Salz in der Sauce
Zu salzige Saucen kannst du mit Crème Fraîche, Sahne oder etwas Wein verdünnen. Falls sie nun zu dünn geraten sein sollte, lass sie einkochen und/oder binde sie mit Reismehl oder Kartoffelmehl vom Vortag ab. Kalte kleine Butterflocken (ca. 25 g) binden auch hervorragend.

## Pesto – Tipps (Kapitel Seite 102)

Mit ein wenig Übung machst du dein Lieblingspesto bald im Handumdrehen.
Pecorino und/oder Parmesan sowie geröstete Pinienkerne und Olivenöl sind in den meisten Rezepturen die Hauptbestandteile. Kräuter und Gemüsesorten wie Paprika oder Tomaten kannst du je nach Jahreszeit und deinem Geschmack hinzufügen. Zur Orientierung kannst du die Mengenangaben aus den Rezepten von Seite 114 und Seite 116 übernehmen. Deiner Fantasie sind bei der Zusammensetzung keine Grenzen gesetzt. Pestos halten sich im Kühlschrank mindestens 2 Wochen, je nach Rezeptur auch länger.

## Obst – Tipps & Tricks (Kapitel Seite 54)

Marmeladen sind mein Lieblingsthema, hier kann ich meiner Phantasie freien Lauf lassen.
Verarbeite das Obst für Marmeladen und Gelees so frisch wie möglich.
- Die Marmeladengläser müssen gut gespült sein.
- Es muss auf peinlichste Sauberkeit geachtet werden.

Die Zutatenmengen richten sich nach dem Gelierzucker:
**1:1** -> 500 g Zucker + 500 g Obst oder Saft
**2:1** -> 500 g Zucker + 1 kg Obst oder Saft
**3:1** -> 500 g Zucker + 1,5 kg Obst oder Saft
**Gelierzucker mit Stevia** -> 350 g Zucker + 1 kg Obst oder Saft

## Eier – Tipps (Kapitel Seite 28)

Ob pur als Frühstück, im Omelette oder Kuchen – bei vielen Rezepten sind Eier ein wichtiger Bestandteil. Was zählt sind Frische, Qualität und die nötige Zubereitung.
Bei einem frischen aufgeschlagenen Ei sind Dotter und Eiklar hoch gewölbt – bei älteren Eiern wird der Dotter immer flacher und kann sich später sogar mit dem Eiklar vermischen.
Als Frischetest kannst du ein Ei in ein Glas Wasser legen. Wenn das Ei am Boden bleibt, ist es frisch. Steigt es an die Wasseroberfläche, ist es nicht mehr ganz frisch. Je älter ein Ei, umso größer wird die Luftkammer im Inneren. Ein älteres Ei schwimmt deshalb im Wasserglas mit der breiten Seite nach oben. Die Wasserglas-Methode ist aber nicht immer ganz zuverlässig.

## Kräutersalz –Tipps (Kapitel Seite 84)

Mit getrockneten Kräutern kannst du Kräutersalz, welches bis zu 6 Monate haltbar ist, selbst herstellen und eigene Geschmacksrichtungen kreieren:
* mediterranes Kräutersalz: Rosmarin, Basilikum, Salbei, Oregano und Thymian zu gleichen Teilen
* deutsches Kräutersalz: Petersilie, Schnittlauch, Pimpernelle und Estragon zu gleichen Teilen
* geeignet sind auch Majoran, Kapuzinerkresse, Muskat, Lorbeerblätter und Pfeffer je nach Geschmack

### Kräuter trocknen
Während der Kräuterzeit kannst du immer wieder Kräuter an der warmen Luft, aber nicht in der direkten Sonne trocknen. Hänge die Kräuter zum Trocknen auf oder lege sie auf ein Brettchen. Sammle die getrockneten Kräuter in einer Blechdose.

## Weitere Tipps rund um Lebensmittel sowie ihre Verwendung und Zubereitung

### Grillfleisch
Grillfleisch vom Vortag wird im Varoma wieder ganz weich: Dafür füllst du 500 g Wasser in den Mixtopf und gibst das Fleisch auf Backpapier in den Varoma. Erwärme das Fleisch im aufgesetzten Varoma 20-30 Minuten/ Varoma/ Stufe 1.

## Kohlrabiblätter

Feine Triebe eignen sich hervorragend zum Würzen von Gemüsebrühen, Eintöpfen und gekochtem, dampfgegartem Gemüse.

## Knoblauch

Je feiner geschnitten, desto würziger schmeckt er. Du solltest ihn nicht zu heiß und zu lange dünsten – er gibt sonst Bitterstoffe frei. Zehen mit einem Keimling schmecken sehr scharf. Entferne den Keimling nach dem Halbieren mit einem Messer.

## Radieschenblätter

Radieschenblätter sind essbar – nicht wegwerfen! Sie schmecken frisch würzig, fast scharf. Zerkleinere sie als Gewürz in Suppen, Saucen und Salaten.

**mixtipp:** Im Grundrezept Cremesuppe (siehe S. 38) sind sie püriert ein Genuss.

## Reis oder Risotto

- Fülle Paprikaschoten oder ausgehöhlte Tomaten mit übrig gebliebenem Risotto oder Reis, streue Gouda, Mozzarella oder Feta darüber und backe das gefüllte Gemüse im Ofen 20-30 Minuten/ 180°C Ober-/Unterhitze.
- Zerkleinere Parmesan und Brotwürfel im Verhältnis 1:1 10 Sekunden/ Stufe 7 im Mixtopf. Schiebe die Stücke mit dem Spatel nach unten. Mische den Reis oder das Risotto 10 Sekunden/ Linkslauf/ Stufe 3 darunter und forme die Masse zu Kugeln. Wälze die Kugeln in einem verquirlten Ei und backe sie in einer Pfanne mit Fett aus.
- Reis oder Risotto, Ei und geriebenen Parmesan miteinander vermischen und in einer Pfanne mit Öl zu Puffern ausbacken.

## Rotkohl

Ein Stückchen Apfel oder ein Spritzer Zitrone erhält die Farbe. Als Gemüse erhält Rotkohl mit einem Löffel Johannisbeergelee oder einem Stückchen Zartbitterschokolade am Kochende dazugegeben eine feine leckere Note.

## Salzstangen, Chips oder Brezeln

Reste von Knabberleckereien kannst du klasse als Panade verwenden. Zermahle die Reste von Salzstangen, Brezeln, Chips und Co. 10 Sekunden/ Stufe 6 im Mixtopf und fülle die Krümel um. Zerkleinere dann auch Reste von Brot, Brötchen, Laugenstangen u. Ä. 10 Sekunden/ Stufe 6. Nun kannst du dir dein eigenes Paniermehl nach deinem Geschmack zusammenstellen. Du kannst die Panade mit Gewürzen deiner Wahl verfeinern, das ist auch sehr lecker.

**mixtipp:** Mische vor dem Panieren noch ein übrig gebliebenes Stückchen Käse darunter, vorzüglich.

## Schokoladennikoläuse und -osterhasen

*   Mahle die Schokolade 10 Sekunden/ Stufe 10 im Mixtopf und fülle sie in Schraubgläser ab. Damit kannst du schnell Desserts und Kuchen verfeinern, aber auch Wildsaucen oder Chili con Carne schmecken gut mit einer leicht schokoladigen Note.
*   Koche einen Pudding damit, ein Rezept dazu findest du auf der Seite 67.
*   Mache eine leckere Trinkschokolade daraus: Dafür benötigst du 100 g Schokoreste in Stücken und 500 g Milch. Mahle die Schokolade 3 Sekunden/ Stufe 5 grob, gib die Milch dazu und koche alles 5 Minuten/ 70°C/ Stufe 1-2. Schäume die Trinkschokolade abschließend 20 Sekunden/ Stufe 4-6-8 auf. Variiere mit Zimt, Vanille, Rum oder Baileys.

## Schokolade zerkleinern

Grob: 8 Sekunden/ Stufe 4
Mittel: 8 Sekunden/ Stufe 6
Fein: 8 Sekunden/ Stufe 10

## Zucker

Statt weißen Haushaltszuckers kann man auch Fruchtzucker (ca. 50 % weniger, das genaue Maß für dich musst du aber selbst herausfinden) für Diabetiker oder braunen Rohrzucker verwenden.

## Zwiebeln

Gib schon beim Zerkleinern einen Teelöffel Öl hinzu. Das Öl verschließt die Zellen und die Zwiebeln werden nicht so schnell bitter.

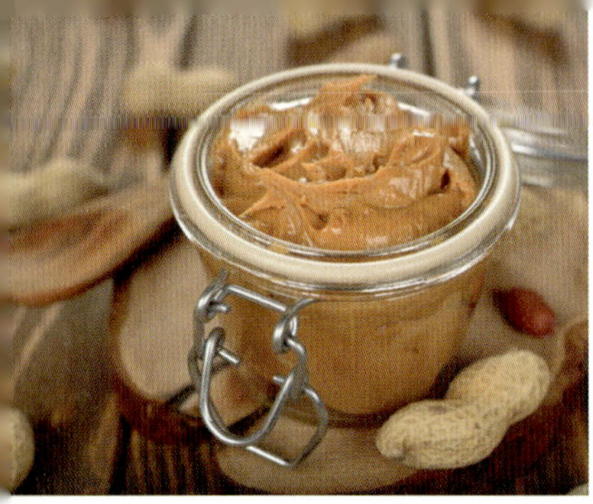
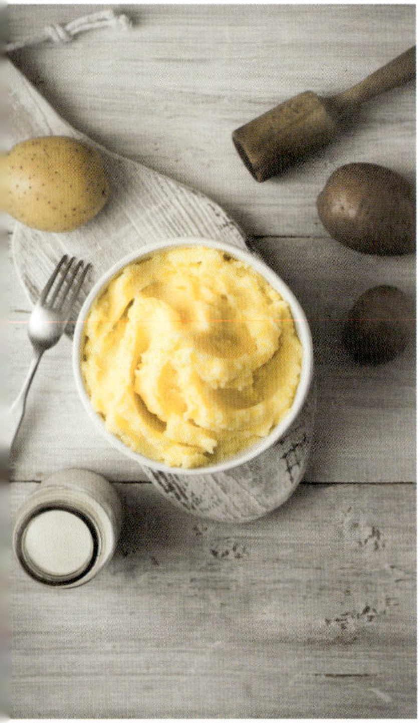
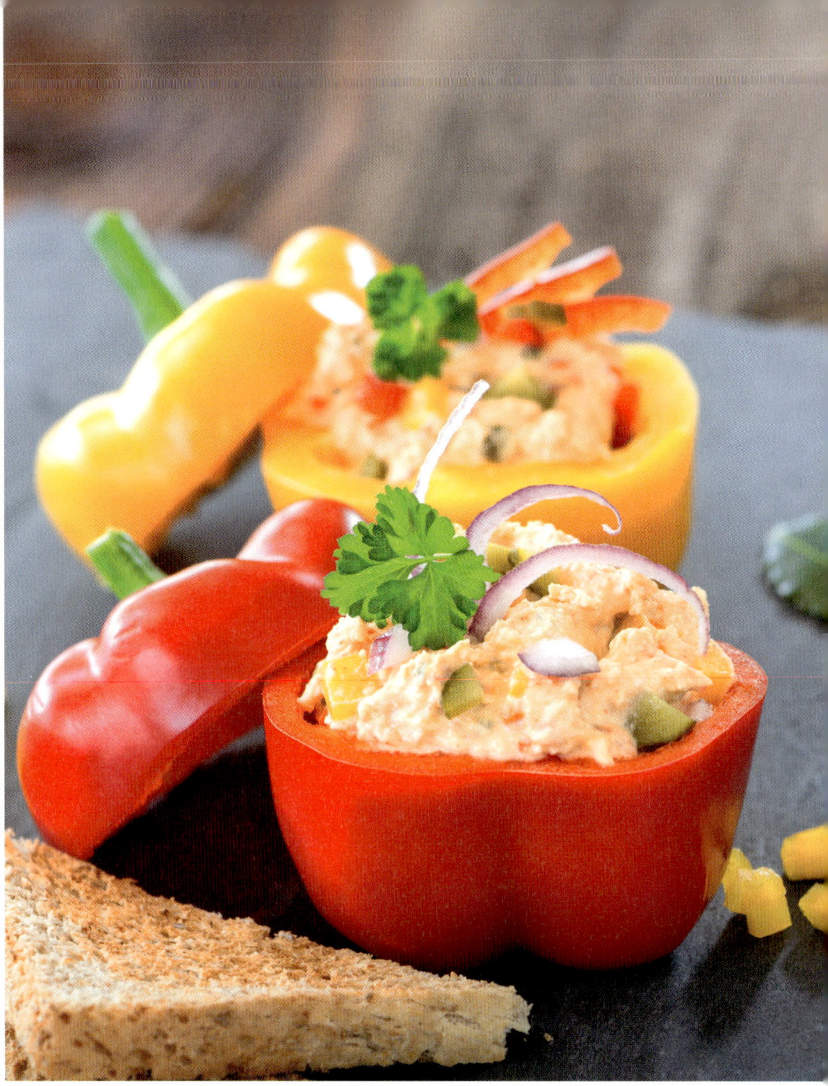
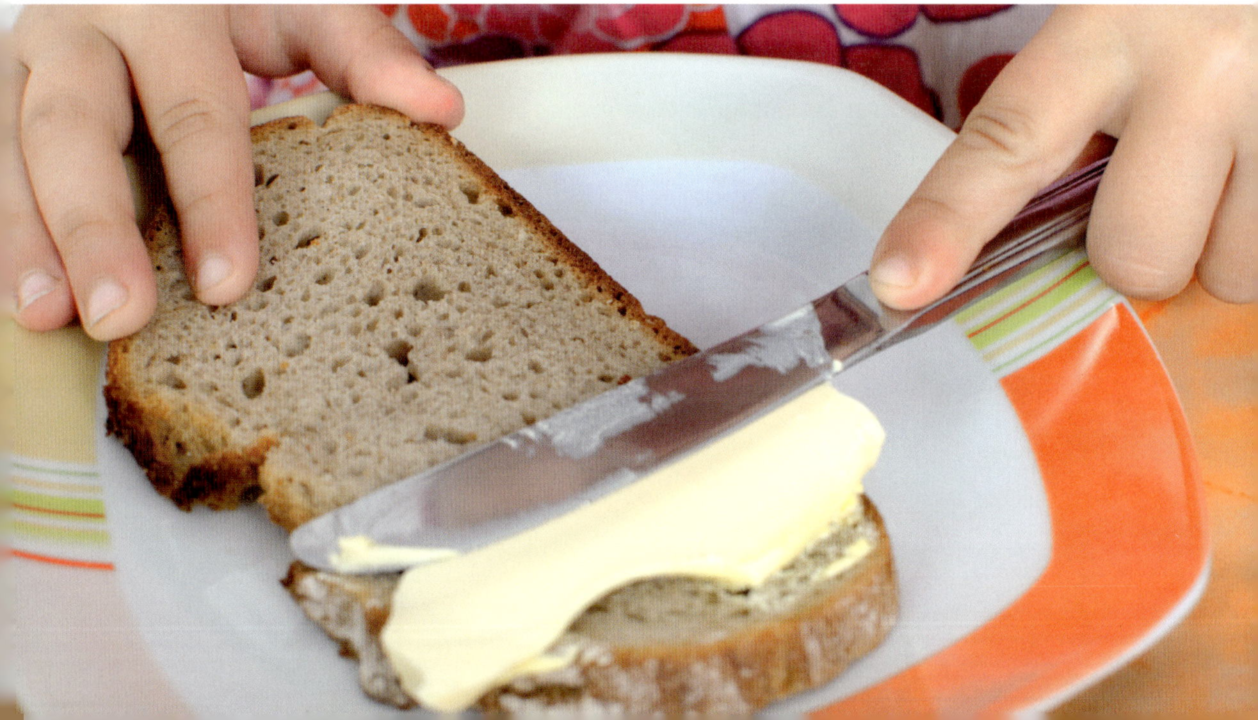

# AUFSTRICHE

2 Gläser  2 Min.  leicht

# GARTEN-VITAL-AUFSTRICH

**Zubereitungszeit: 2 Minuten**
**Utensilien: 2 Schraubgläser,**
  **sterilisiert**
**Zutaten für 2 Gläser à 150 ml**

1 Knoblauchzehe

1 Karotte, geschält, in Stücken

½ Paprika, in Stücken

Kräuter, nach Belieben

200 g Frischkäse
oder 250 g Quark

Pfeffer, nach Belieben

Salz, nach Belieben

**1.** Zerkleinere Knoblauch, Karotte, Paprika und Kräuter 8 Sekunden/ Stufe 5 im Mixtopf und schiebe die Stücke mit dem Spatel nach unten.

**2.** Rühre anschließend noch den Frischkäse oder den Quark 5 Sekunden/ Stufe 2 unter.

**3.** Schmecke den Aufstrich zum Schluss mit Pfeffer und Salz ab.

**4.** Die Creme ist im Kühlschrank gelagert 2 Tage haltbar.

**mix**tipp
Der Aufstrich eignet sich perfekt zum Mitnehmen für Schule und Büro. Lass dann aber den Knoblauch weg.

2 Gläser | 2 Min. | leicht

# THUNFISCH-EI-AUFSTRICH

**Zubereitungszeit: 2 Minuten**
**Utensilien: 2 Schraubgläser,**
  **sterilisiert**
**Zutaten für 2 Gläser à 220 ml**

3 Essiggurken

5 Stängel Petersilie

1 Dose Thunfisch in Eigensaft
(150 g Abtropfgewicht)

2 gekochte Eier, Größe M

200 g Frischkäse

2 EL Mayonnaise, Schmand
oder Crème Fraîche

1 Prise Pfeffer

½ TL Majoran

**1.** Zerkleinere die Gurken und die Petersilie 3 Sekun-den/ Stufe 5 im Mixtopf. Schiebe die Stücke mit dem Spatel nach unten.

**2.** Unter Zugabe von dem abgetropften Thunfisch, den Eiern, dem Frischkäse, der Mayonnaise, dem Pfeffer und dem Majoran stellst du in 10 Sekunden/ Stufe 3-4 einen cremigen Aufstrich her.

**3.** Fülle den fertigen Aufstrich in die Gläser. Im Kühl-schrank aufbewahrt ist er ca. 4 Tage haltbar.

**mixtipp**
Wer es scharf mag,
mischt unter Punkt 1 eine
Chilischote unter.

2 Gläser    2 Min.    leicht

# ERDÄPFELKÄS

**Zubereitungszeit: 2 Minuten**
**Utensilien: 2 Schraubgläser,**
  **sterilisiert**
**Zutaten für 2 Gläser à 250 ml**

1 rote Zwiebel, halbiert

200 g kalte, gekochte Kartoffeln vom Vortag

100 g Schmand

100 g Sahne

Salz, nach Belieben

1 Prise Cayennepfeffer

**1.** Die Zwiebel zerkleinerst du 5 Sekunden/ Stufe 5 und schiebst die Stücke mit dem Spatel nach unten.

**2.** Füge die vorgekochten Kartoffeln, den Schmand, die Sahne, das Salz und den Cayennepfeffer hinzu und vermische die Zutaten 5 Sekunden/ Stufe 4. Der Aufstrich ist 2-4 Tage haltbar.

**3.** Du kannst die Creme mit einem halben gekochten Ei dekorieren.

mix*tipp*

Dies ist ein perfektes Resteessen, wenn man Kartoffeln vom Vortag übrig hat.

mix*tipp*

Der Aufstrich eignet sich super zum Mitnehmen.

2 Gläser | 1 Min. | leicht

# VEGETARISCHE „FALSCHE LEBERWURST" – KIDNEYBOHNEN-AUFSTRICH

**Zubereitungszeit: 1 Minute**
**Utensilien: 2 Schraubgläser,**
 **sterilisiert**
**Zutaten für 2 Gläser à 230 ml**

---

100 g Butter, in Stücken

---

100 g Röstzwiebeln
(Fertigprodukt),
aus dem Reformhaus

---

1 Dose Kidneybohnen (410 g),
abgetropft und abgewaschen

---

Salz und Pfeffer, nach Belieben

---

½ TL Majoran, alternativ
½ TL Chiliflocken

---

**1.** Rühre die Butter 5 Sekunden/ Stufe 5 cremig.

**2.** Gib Röstzwiebeln, Kidneybohnen, Salz, Pfeffer und Majoran hinzu und verrühre alles 12 Sekunden/ Stufe 5. Und schon ist die falsche Leberwurst fertig.

**3.** Fülle den fertigen Aufstrich in Gläser ab, stelle sie im Kühlschrank kalt und serviere den Aufstrich anschließend. Im Kühlschrank hält sich der Aufstrich 1 Woche.

2 Gläser | 2 Min. | leicht

# KRÄUTERBUTTER

**Zubereitungszeit: 2 Minuten**
**Utensilien: 2 Schraubgläser,**
  **sterilisiert**
**Zutaten für 2 Gläser à 180 ml**

1 Knoblauchzehe

1 kleine rote Zwiebel, halbiert

4 Stängel Basilikum,
ca. 18 Blätter, abgezupft

10 Stängel Petersilie, abgezupft

250 g weiche Butter, in Stücken

50 g Olivenöl

Rosa Beeren, nach Belieben

1 Prise Cayennepfeffer

½ TL grobes Meersalz

1 TL Senf, alternativ 2 Spritzer
Worcestershire-Sauce

**1.** Zerkleinere zu Beginn den Knoblauch, die Zwiebel und die Kräuter 6 Sekunden/ Stufe 8 im Mixtopf. Schiebe die Stücke mit dem Spatel nach unten.

**2.** Gib jetzt weiche Butter, Olivenöl, Rosa Beeren, Cayennepfeffer, Meersalz und Senf hinzu und vermische alles 12 Sekunden/ Stufe 4 zu einer cremigen Kräuterbutter. Fülle die Butter in die Gläser ab und stelle sie vor dem Servieren im Kühlschrank kalt. Die Kräuterbutter ist ca. 1 Woche im Kühlschrank haltbar.

**3.** Eingefroren in Frischhaltefolie oder als Rosetten mit einem Spritzbeutel gespritzt ist die Butter ca. 2 Monate haltbar.

**mixtipp**
Gib 2 TL Knoblauchpaste oder 4 weitere Knoblauchzehen hinzu und du erhältst eine leckere Knoblauchbutter.

1 Glas | 1 Min. | leicht

# KRÄUTERSCHAUM –
## LAKTOSEFREI

**Zubereitungszeit: 1 Minute**
**Utensilien: 1 Schraubglas,**
  **sterilisiert**
**Zutaten für 1 Glas à 100 ml**

Kräuter, nach Wahl (15 Stängel)

1 Knoblauchzehe, nach Belieben

ca. 80 g Pflanzenmargarine,
z.B. Deli Reform

Kräutersalz und Pfeffer,
nach Belieben

**1.** Zerkleinere die Kräuter und den Knoblauch
5 Sekunden/ Stufe 8 und schiebe die Stücke mit dem
Spatel nach unten.

**2.** Nachdem du die Pflanzenmargarine, Kräutersalz
und Pfeffer hinzugefügt hast, schäumst du die Mischung 8 Sekunden/ Stufe 4 auf.

**3.** Im Kühlschrank aufbewahrt ist der Kräuterschaum
3-4 Tage haltbar.

**mixtipp**
Verwende den Kräuterschaum
wie einen Kräuteraufstrich.
Durch die Pflanzenmargarine
wird die Mischung schaumiger
als herkömmliche
Butter.

1 Glas · 55 Min. · leicht

# GHEE – GEKLÄRTE BUTTER

**Zubereitungszeit: 55 Minuten**
**Utensilien: 1 Schraubglas,**
 **sterilisiert, 1 feines Sieb**
**Zutaten für ca. 1 Glas à 350 ml**

500 g Butter

Ghee stammt ursprünglich aus der ayurvedischen Küche. Da in Ghee durch die Klärung weder Eiweiß noch Wasser enthalten sind, eignet es sich hervorragend zum Braten. Es spritzt nicht und das Bratgut brät nicht an. Ghee ist für Menschen mit Laktoseintoleranz geeignet.

**1.** Für die Zubereitung von Ghee musst du 500 g Butter in den Mixtopf geben und 6-8 Minuten/ 70°C/ Sanftrührstufe erwärmen.

**2.** Die vollends geschmolzene Butter erhitzt du jetzt 25 Minuten/ 100°C/ Sanftrührstufe. Den Messbecher lässt du dafür weg, damit der Wasserdampf entweichen kann und sich das Eiweiß vom Fett trennt.

**3.** Lass die Masse nun ca. 20 Minuten/ 70°C/ Sanftrührstufe abkühlen. Dabei flockt das Eiweiß aus und setzt sich größtenteils am Mixtopfboden ab.

**4.** Seihe die geklärte Butter langsam durch ein feinmaschiges Sieb oder durch Küchenkrepp ab und fülle sie in das Schraubglas. So ist das Ghee bis zu einem halben Jahr haltbar.

200 g    10 Min.    leicht

# BUTTERHERSTELLUNG

**Zubereitungszeit:** 10 Minuten
**Utensilien:** 1 feines Sieb,
  1 Schüssel
**Zutaten für ca. 200 g Butter**

400 g kalte Sahne
(Fettanteil über 32 %)

**mixtipp**

Die aufgefangene Molke kannst du auch weiter verwenden. Sie ist sehr kalorienarm und mineralstoffreich. Sie enthält z.B. Kalzium und Kalium sowie die Vitamine B1, B2 und B6.

**1.** Setze zunächst den Schmetterling in den Mixtopf ein und fülle anschließend die Sahne dazu. Schlage die Sahne unter Beobachtung ohne Zeiteinstellung auf Stufe 3 steif. Schlage so lange vorsichtig weiter, bis sich die Molke von der Butter trennt.

**2.** Schütte die Masse durch ein sehr feines Sieb über einem Schüsselchen ab und drücke sie leicht aus, fange dabei die Molke in der Schüssel auf. Du kannst die Butter weiter verarbeiten oder direkt verwenden.

Es gibt viele Möglichkeiten wie du die Butter weiter verarbeiten kannst. Hier ein paar Ideen:

- Kräuterbutter – mit Café de Paris-Kräutern
- Tomatenbutter, Kressebutter mit Blüten, Spargelbutter, Krebsbutter, Olivenbutter mediterran oder Knoblauchbutter.
- Süße Butter mit Zucker oder mit feinen Blüten, wie Flieder oder Holunder.

2 Gläser | 7 Min. | leicht

# ZWIEBEL-APFEL-BUTTER

**Zubereitungszeit: 7 Minuten**
**Utensilien: 2 Schraubgläser,**
**  sterilisiert**
**Zutaten für 2 Gläser à 175 ml**

100 g Zwiebeln, halbiert

150 g Apfel, Boskoop,
geschält und geviertelt

100 g Butter, in Stücken

½ TL Salz

½ TL Majoran

frisch gemahlener Pfeffer,
nach Belieben

**1.** Zerkleinere die Zwiebeln und Äpfel 10 Sekunden/ Stufe 5. Schiebe die Stückchen mit dem Spatel nach unten und dünste sie 4 Minuten/ Varoma/ Stufe 1 an.

**2.** Gib Butter, Salz, Majoran und Pfeffer dazu und rühre die Zutaten 30 Sekunden/ Stufe 3 unter.

**3.** Fülle die Butter um und lass sie im Kühlschrank fest werden. Sie hält sich dort 4 Tage.

2 Gläser | 1 Min. | leicht

# ERDNUSSCREME

**Zubereitungszeit: 1 Minute**
**Utensilien: 2 Schraubgläser,**
  **sterilisiert**
**Zutaten für 2 Gläser à 200 ml**

1 gestrichener EL Zucker

400 g gesalzene Erdnüsse

10 g Erdnussöl

**1.** Pulverisiere den Zucker 10 Sekunden/ Stufe 10. Warte 1 Minute, bevor du den Deckel öffnest.

**2.** Gib die Erdnüsse dazu und zerhäcksele sie 30 Sekunden/ Stufe 10. Schiebe die Mischung, wenn nötig, mit dem Spatel nach unten.

**3.** Abschließend mischst du das Erdnussöl 20 Sekunden/ Stufe 6-8 unter.

**4.** Die Creme ist im Kühlschrank ca. 4-6 Tage haltbar.

**Varianten:** Statt Erdnüssen kannst du die Creme auch aus Cashewkernen, Mandeln oder Macadamianüssen herstellen. Bei Macadamianüssen ist kein zusätzliches Öl erforderlich, da diese schon reichlich Öl enthalten.

**mixtipp**
Die Ölmenge richtet sich nach der gewünschten Konsistenz. Soll es eine Sauce z.B. für Hähnchenspieße ergeben, dann sollte sie etwas flüssiger werden. Die Ölzugabe kannst du dann einfach um 30-40 g erhöhen. So ist die Sauce ausreichend für 4 Portionen.

**mixtipp**
Erdnusscreme schmeckt lecker als Brotaufstrich, prima auch zu Käse und perfekt als Dip, wenn der Zucker bei der Herstellung weggelassen wird.

# BASICS

| 4 Portionen | 11-15 Min. | leicht |

# EI, EI, EI...
## EIERKOCHEN IM THERMOMIX

**Zubereitungszeit: 11-15 Minuten**
**Zutaten für 4 Portionen**

500 g handwarmes Wasser

4 Eier, Größe M

**1.** Als Erstes gibst du 500 g handwarmes Wasser in den Mixtopf.

**2.** Lege 4 Eier in das Garkörbchen und hänge es in den Mixtopf. Verschließe anschließend den Mixtopf mit dem Deckel und setze den Messbecher ein.

**3.** Wähle dann die Einstellung Varoma/ Stufe 1, die Minutenanzahl richtet sich nach dem gewünschten Härtegrad:

| 11 Minuten – sehr weiches Ei | Eiweiß glibberig | Eigelb flüssig |
| 12 Minuten – weich | Eiweiß ist etwas fest | Eigelb leicht gestockt |
| 13 Minuten – wachsweich | Eiweiß fest | Eigelb wachsweich |
| 14 Minuten – fast hart | Eiweiß fest | Eigelb nur am Rand fest |
| 15 Minuten – hart gekocht | Eiweiß fest | Eigelb fest |

**4.** Nach der Garzeit musst du die Eier abschrecken. Nimm dafür das Garkörbchen mithilfe des Spatels heraus und schrecke die Eier unter fließendem kalten Wasser ab.

**5.** Nach 1 Minute sind die Eier verzehrfertig.

mix**tipp**

Es passen bis zu 8 Eier der Größe M ins Garkörbchen.

## mixtipp

Upps – falls beim Backen mal kein Ei zur Hand ist, ersetze das Ei durch 2 EL Milch oder Wasser und 1 Messerspitze Backpulver.

## mixtipp

Viele Eier kannst du auch ganz einfach im Thermomix kochen. Dafür füllst du 500 g Wasser in den Mixtopf, legst bis zu 20 Eier in den Varoma und dämpfst sie 25 Minuten/ Varoma/ Stufe 1.

2 Portionen · 20 Min. · leicht

# RÜHREI IM VAROMA

**Zubereitungszeit: 20 Minuten**
**Zutaten für 2 Portionen**

3 Eier, Größe M

20 g Sahne, Wasser oder Milch

Salz und Pfeffer, nach Belieben

500 g Wasser

**1.** Schlage 3 frische Eier in den Mixtopf und verquirle sie mit der Flüssigkeit deiner Wahl und den Gewürzen 3 Sekunden/ Stufe 6. Das Grundrezept ist nun fertig.

**2.** Jetzt kannst du noch weitere Zutaten deiner Wahl zugeben, z.B. Schnittlauch, Chili, Tomatenstücke, ausgelassene Schinkenwürfel, Pilze oder Käse.

**3.** Lege den Varoma mit nassem Backpapier aus und verteile das Rührei darauf. Achte dabei darauf, dass die Lüftungsschlitze frei bleiben.

**4.** Im nächsten Schritt füllst du den gereinigten Mixtopf mit 500 g Wasser. Setze den Varoma auf und gare das Rührei 15 Minuten/ Varoma/ Stufe 1.

8-30 Eier · 15-30 Min. · leicht

# OSTEREIER KOCHEN

**Zubereitungszeit: 15-30 Minuten**
**Zutaten für 8-30 Eier**

500 g handwarmes Wasser

8-30 Eier, Größe M

**1.** Zuerst musst du 500 g Wasser in den Mixtopf geben. 8-12 Eier kannst du in das Garkörbchen legen, bei 20-30 Eiern solltest du sie in den Varoma legen. Gare die Eier im Garkörbchen 15 Minuten/ Varoma/ Stufe 1, nimm anschließend das Garkörbchen heraus. Diese Eier sind bereits hart. Falls du sie aber im Varoma garst, brauchen die Eier insgesamt 30 Minuten/ Varoma/ Stufe 1.

**mix*tipp***

Die Eier nicht abschrecken, dann halten sie 2-3 Wochen außerhalb des Kühlschranks. Abgeschreckte Eier sind nur ein paar Tage haltbar.

4 Portionen | 15 Min. | leicht

# „JUNGER REIBEKUCHEN"

**Zubereitungszeit: 15 Minuten**
**Utensilien:** 1 Pfanne
**Zutaten für 4 Portionen**

---

1000 g Kartoffeln, festkochend, in Stücken

---

150 g Zwiebeln, geviertelt

---

10 g Zitronensaft

---

25 g Haferflocken

---

1 Ei, Größe M

---

1 TL Salz

---

¼ TL Pfeffer

---

Verwende im Frühjahr die sogenannten „Speisefrühkartoffeln" für Reibekuchen komplett mit der dünnen Schale. So behalten sie die gesunden Nährstoffe und du sparst Zeit.

Im Mixtopf zerkleinerte Kartoffeln werden an der Schnittstelle sofort mit der Stärke versiegelt, deshalb entsteht in der Küche beim Ausbacken nicht mehr der unangenehme „Puffer-Fettgeruch".

**1.** Du zerkleinerst mithilfe des Spatels einfach Kartoffeln, Zwiebeln, Zitronensaft, Haferflocken, Ei, Salz und Pfeffer zusammen 10-15 Sekunden/ Stufe 5 im Mixtopf.

**2.** Backe den Teig in einer heißen Pfanne zu Puffern aus.

**Varianten:**
• Die Kartoffeln können teilweise durch andere Gemüsesorten ersetzt werden, z.B. durch Karotten, Brokkoli, Kohlrabi, Blumenkohl etc.
• Mit Kräutern, Chilis, Knoblauch verfeinern.
• Haferflocken können durch Speisestärke ersetzt werden.
• Champignons und Sauerkraut geben neue Ideen.
• Muskat, Zimt und Co. sorgen für Geschmacksexplosionen.

| 4 Portionen | 40 Min. | leicht |

# KARTOFFELPÜREE
## GRUNDREZEPT

**Zubereitungszeit: 40 Minuten**
**Zutaten für 4 Portionen**

900 g mehligkochende
Kartoffeln, geschält
und in kleinen Stücken

330 g Milch

1 TL Salz

50 g Butter

Muskat, nach Belieben

**1.** Gib Kartoffeln, Milch und Salz in den Mixtopf und koche die Zutaten mit eingesetztem Schmetterling 30 Minuten/ 98°C/ Stufe 1.

**2.** Füge jetzt Butter und Muskat hinzu und püriere alles 30 Sekunden/ Stufe 4.

**3.** Wichtig: Nicht zu lange und zu stark rühren, sonst kann das Püree „klebrig" werden.

### Variationen:
- Du kannst einen Teil der Kartoffeln durch andere Gemüsesorten austauschen, z.B. Karotten (brauchen ca. 8 Minuten länger), Pastinaken, Brokkoli, Rote Bete.
- Kräuter am Schluss unterrühren: sieht nicht nur schön aus, sondern ist auch noch gesund.
- Variationen von Gewürzen, z.B. mit Chili, Knoblauch und Co. geben den besonderen Pfiff.

mix**tipp**
Schmetterling nur bis
Stufe 4 einsetzen.

4 Portionen | 25 Min. | leicht

# MINESTRONE
## (KLAR UND CREMIG)

## KLARE SUPPE

**Zubereitungszeit: 25 Minuten**
**Zutaten für 4 Portionen**

50 g Parmesan,
in groben Stücken

2 EL gemischte Kräuter, z.B.
Oregano, Thymian, Salbei,
Rosmarin, Petersilie

1 Zwiebel, halbiert

1 Knoblauchzehe

20 g Olivenöl

1 Tomate, halbiert

120 g rote Paprika, in Stücken

120 g Brokkoliröschen,
in Stücken

1000 g heißes Wasser

2 TL Gemüsepaste

**1.** Zuerst musst du die Parmesanstücke mit den Kräutern ca. 8 Sekunden/ Stufe 9 zerkleinern. Fülle die Zutaten in eine Schüssel um.

**2.** Zerkleinere die Zwiebel und den Knoblauch 5 Sekunden/ Stufe 5 im Mixtopf. Schiebe die Stückchen mit dem Spatel nach unten und dünste die Mischung in Öl 2 Minuten/ Varoma/ Stufe 1 an.

**3.** Jetzt gibst du die Gemüsesorten hinzu und zerkleinerst sie ebenfalls 3 Sekunden/ Stufe 4.

**4.** Unter Zugabe der restlichen Zutaten kochst du die Suppe 15 Minuten/ Varoma/ Linkslauf/ Stufe 1.

**5.** Zum Schluss kannst du nach Belieben die Suppe mit Salz und Pfeffer abschmecken und mit dem Kräuterparmesan bestreuen.

## CREMESUPPE

500 g klare Minestrone

100 g Sahne

Kräuter, nach Belieben

**1.** Gib 500 g der klaren Suppe in den Mixtopf (mit Einlage).

**2.** Füge 100 g Sahne dazu und püriere die Suppe 20 Sekunden/ Stufe 10.

**3.** Bestreue sie abschließend mit Kräutern deiner Wahl.

**mix**tipp

Bei der Gemüseauswahl ist alles erlaubt, was gerade Saison hat: Kartoffeln, Spargel, Blumenkohl, Brokkoli, Zucchini, Bohnen, Erbsen, Rosenkohl, Weißkohl, Kürbis etc.

6 Portionen

15 Min.

leicht

# GEMÜSECREMESUPPE
## GRUNDREZEPT

**Zubereitungszeit: 15 Minuten**
**Zutaten für 6 Portionen**

300 g gemischtes Gemüse, geputzt und in Stücken

500 g Wasser

250 g Milch oder Sahne

1 geh. TL selbstgemachte Gemüsepaste

40 g Mehl oder Reismehl

½ TL Salz

1 Prise frisch gemahlener Pfeffer

30 g Butter

**1.** Zerkleinere das Gemüse ca. 2 Sekunden/ Stufe 6.

**2.** Füge Wasser, Milch, Gemüsepaste, Mehl, Salz, Pfeffer und Butter hinzu und koche alles 10 Minuten/ 100°C/ Stufe 4.

**3.** Je nach Wunsch pürierst du die Suppe 10 Sekunden/ Stufe 6-10, wobei du stufenweise von 6 hochschaltest.

**mixtipp**

Upps, zuviel Salz in der Suppe! Damit der intensive Gemüsegeschmack nicht durch zusätzliches Wasser verloren geht, kannst du Nudeln, die das Salz aufnehmen (für klare Gemüsesuppen geeignet) in die Suppe geben. Auch eine Kartoffel, geschält und geviertelt, kannst du mitkochen.

4 Portionen | 5 Min. | leicht

# NUDELN
## GRUNDREZEPT

**Zubereitungszeit: 5 Minuten**
**Utensilien: Ausstechförmchen,**
 **nach Belieben**
**Zutaten für 4 Portionen**

250 g Mehl

2 Eier, Größe M

2 EL Öl

2 EL Wasser

1 TL Salz

**mixtipp**

Lass die Nudeln in kochendem
Salzwasser 3-6 Minuten ziehen,
dann sind sie servierfertig.

**1.** Gib Mehl, Eier, Öl, Wasser und Salz in den Mixtopf und rühre die Zutaten 1 Minute 30 Sekunden/ Teigknetstufe.

**2.** Rolle den Teig anschließend aus und steche mit einer Form deiner Wahl Herzen, Tannenbäume, Buchstaben oder Kreise aus.

**3.** Du kannst die Nudelmasse auch in einer Nudelmaschine zu Tagliatelle oder Lasagneplatten verarbeiten. Die frischen Nudeln sind auch noch nach 2-3 Tagen genießbar.

Folgende **Varianten** sind möglich, wenn du 1 EL Öl weglässt und folgende Zutat hinzufügst: für rote Nudeln 1 EL Tomatenmark, für grüne Nudeln 1 EL Spinat oder je nach Jahreszeit 1 Bund Basilikum oder 1 Bund Bärlauch.

1 Glas · 1 Min. · leicht

# BRATENSAUCENPULVER – BRAUN

**Zubereitungszeit: 1 Minute**
**Utensilien: 1 Schraubglas,**
 **sterilisiert**
**Zutaten für 1 Glas à 200 ml**

50 g getrocknete Pilze,
z.B. Champignons

15 g getrocknete Petersilie

50 g gekörnte Brühe

50 g getrocknetes Brötchen
oder dunkles Brot

50 g Röstzwiebeln

2 getrocknete Tomaten,
nach Belieben

1 TL getrockneter Knoblauch,
nach Belieben

**1.** Gib getrocknete Pilze, Petersilie, Brühe, Brötchen, Röstzwiebeln, getrocknete Tomaten und Knoblauch zusammen in den Mixtopf und mahle die Zutaten 1 Minute/ Stufe 10.

**2.** Das Pulver kannst du jetzt in einem Schraubglas luftdicht lagern und wenn du es benötigst, einfach vor dem Schmoren zur Bratenflüssigkeit geben.

**mixtipp**
Das Pulver ist 4-6 Monate haltbar.

**mixtipp**
Getrocknete Steinpilze geben hier als Alternative einen super Geschmack. Natürlich kannst du aber auch mit deinen Lieblingskräutern und Gewürzen variieren. Ich bringe gerne aus Urlaubsländern diverse Gewürze mit.

1 Glas | 1 Min. | leicht

# SAUCENBINDER – HÜHNCHEN

**Zubereitungszeit: 1 Minute**
**Utensilien: 1 Schraubglas,**
**sterilisiert**
**Zutaten für 1 Glas à 100 ml**

1 trockenes Brötchen

1 TL gekörnte Hühnerbrühe oder Gemüsebrühe

1 TL Curry

1 TL Paprikapulver, edelsüß

**1.** Mahle das trockene Brötchen, Hühnerbrühe, Curry und Paprikapulver im Mixtopf 20 Sekunden/ Stufe 8.

**2.** Fülle den fertigen Saucenbinder in ein luftdichtes Schraubglas. So ist das Pulver 4-6 Monate haltbar.

**mixtipp**

Verwende das Pulver zum Ergänzen oder Verlängern einer Sauce. Gib dafür 1-2 TL des Pulvers in die Sauce. Im Vergleich zu einem gekauften Saucenpulver besitzt es keine Konservierungsstoffe oder Geschmacksverstärker.

**mixtipp**

Diese Saucenkonzentrate sind ein sehr schönes, immer willkommenes Geschenk und können auch immer nach Geschmack und Vorlieben in anderen Varianten hergestellt werden.

1 Glas | 1 Min. | leicht

# SAUCENBINDER – SCHWEINEFLEISCH

**Zubereitungszeit:** 1 Minute
**Utensilien:** 1 Schraubglas, sterilisiert
**Zutaten für 1 Glas à 120 ml**

---

70 g trockenes Brötchen, grob zerkleinert

---

1 TL Kümmel

---

3 EL Röstzwiebeln

---

2 EL gekörnte Gemüsebrühe

---

**1.** Gib das grob zerkleinerte Brötchen, Kümmel, Röstzwiebeln und die gekörnte Gemüsebrühe in den Mixtopf und zerkleinere alles zusammen 25 Sekunden/ Stufe 8.

**2.** Fülle den Saucenbinder in ein Schraubglas, so hast du immer einen super Vorrat für leckere Saucen. Einfach 1-2 EL davon in die Sauce einrühren.

**3.** Kühl und dunkel gelagert hält sich der Saucenbinder 6 Monate.

5 Gläser | 1 Min. | leicht

# KNOBLAUCH-GRUNDSTOCK

**Zubereitungszeit:** 1 Minute
**Utensilien:** 5 Schraubgläser, sterilisiert
**Zutaten für 5 Gläser à 140 ml**

400 g Knoblauch, geschält

100 g Petersilie

200 g Salz oder Meersalz

Olivenöl, nach Belieben

**1.** Zerkleinere den Knoblauch und die Petersilie im Mixtopf 40 Sekunden/ Stufe 6. Schiebe die Masse mit dem Spatel nach unten und mixe sie noch einmal 10 Sekunden/ Stufe 4, falls sie dir nicht homogen genug ist.

**2.** Unter Zugabe von Salz mischst du das Knoblauchgewürz 10 Sekunden/ Stufe 4 fertig.

**3.** Fülle den Knoblauch-Grundstock in Schraubgläser ab und gieße eine dünne Schicht Olivenöl darauf. So trocknet der Grundstock nicht aus und läuft nicht an.

**mixtipp**

Durch das Salz ist der Knoblauch konserviert. Er kann so bis zu einem Jahr in Schraubgläschen im Kühlschrank gelagert werden – zur schnellen Verwendung in Suppen, Saucen, Dips und vielem mehr.

8 Portionen | 30 Min. | mittel

# ZWIEBEL-ROTWEIN-CONFIT

**Zubereitungszeit: 30 Minuten**
**Zutaten für 8 Portionen**

500 g rote Zwiebeln, halbiert

20 g Butter

100 g Rotwein

40 g Balsamicoessig

40 g Zucker

½ TL Salz

**1.** Gib die Zwiebeln in den Mixtopf und zerkleinere sie 5 Sekunden/ Stufe 5. Schiebe die Stückchen mit dem Spatel nach unten.

**2.** Dünste die Stückchen zusammen mit Butter 5 Minuten/ Varoma/ Stufe 1. Danach kommen der Rotwein und der Balsamicoessig dazu.

**3.** Koche die Mischung nun 4 Minuten/ 100°C/ Stufe 1.

**4.** Nachdem du den Zucker und das Salz dazugegeben hast, lässt du die Mischung 20 Minuten/ 90°C/ Stufe 1 ohne Messbecher einkochen.

**5.** Das Garkörbchen kannst du dabei als Spritzschutz einsetzen.

mix*tipp*

Besonderen Pfiff bekommt das Confit mit einer Prise Cayennepfeffer.

6 Portionen    10 Min.    leicht

# KARAMELLSAUCE –
## SALZIG UND SÜSS

**Zubereitungszeit: 10 Minuten**
**Zutaten für 6 Portionen**

60 g Erdnüsse, geröstet
und gesalzen

100 g Karamellbonbons, weich,
z.B. Sahne Muh Muhs

50 g Sahne

½ TL grobes Meersalz,
nach Belieben

**1.** Mahle die Erdnüsse 3 Sekunden/ Stufe 6 und fülle sie in eine Schüssel um.

**2.** Zerkleinere jetzt die Bonbons 20 Sekunden/ Stufe 7, zusammen mit der Sahne erhitzt du sie 2 Minuten/ 50°C/ Stufe 2.

**3.** Koche die Sahne-Karamell-Mischung dann 5 Minuten/ Varoma/ Stufe 2 ein.

**4.** Füge die gemahlenen Erdnüsse und das Salz, wenn du eine salzige Karamellsauce erhalten möchtest, dazu und verrühre die Sauce abschließend 10 Sekunden/ Stufe 3.

**mix**tipp

Die Karamellsauce schmeckt lecker zu Sahneeis. Lass die Sauce dafür ganz abkühlen und vermische sie mit 650 g Sahneeis 2 Sekunden/ Stufe 2. Lass die Mischung anschließend 30 Minuten gefrieren.

4 Gläser | 20-24 h 10 Min. | mittel

# JOGHURT SELBSTGEMACHT

**Zubereitungszeit: 10 Minuten**
**Ruhezeit: 20-24 Stunden**
**Utensilien. 4 Schraubgläser,**
  **sterilisiert**
**Zutaten für 4 Gläser à 250 ml**

1000 g Vollmilch

150 g probiotischer Joghurt

40-60 g Milchpulver, optional

**1.** Wiege die Milch in den Mixtopf ein und erwärme sie 7 Minuten/ 50°C/ Stufe 2.

**2.** Gib den Joghurt und das Milchpulver hinzu und rühre beides 1 Minute/ 37°C/ Stufe 2 unter die Milch.

**3.** Fülle die Mischung nun in eine Schüssel um und stelle diese mindestens 8-12 Stunden, ohne sie zu bewegen, zugedeckt warm. (Ich stelle die Schüssel eingepackt in ein Badehandtuch den ganzen Tag in mein Bett.)

**4.** Danach lässt du den Joghurt über Nacht im Kühlschrank fest werden. Hebe dir 150 g von dem selbstgemachten Joghurt für den nächsten Ansatz auf und verfeinere den restlichen Joghurt nach Belieben noch mit Haferflocken, Obst, Nüssen oder Chia-Samen.

**mix*tipp***
Du kannst statt des fertigen Joghurts auch Joghurt-Ferment aus dem Reformhaus verwenden. Beachte dann die Packungsanleitung.

**mix*tipp***
Fülle die Mischung direkt in die Schraubgläser und bewege sie nicht mehr, wenn sie zum Fermentieren an einem warmen Ort stehen.

4 Gläser    10 Min.    leicht

# FRUCHTJOGHURT

**Zubereitungszeit: 10 Minuten**
**Zutaten für 4 Gläser à 250 ml**

150-300 g Beerenobst

50-100 g Zucker

**1.** Gib das Beerenobst und den Zucker in den Mixtopf. Zerkleinere das Obst 3-5 Sekunden/ Stufe 5 und koche es 7 Minuten/ 100°C/ Stufe 1 auf.

**2.** Lass es im Mixtopf abkühlen und wenn dein Obstpüree 50°C Restwärme hat, kannst du mit dem Rezept für selbstgemachten Joghurt ab Schritt 1 weiterkochen (mit dem Püree im Topf).

1 Liter | 15 Min. | leicht

# KOKOSMILCH SELBSTGEMACHT

**Zubereitungszeit: 15 Minuten**
**Utensilien: 1 feines Sieb**
**Zutaten für ca. 1 Liter**

1-2 Kokosnüsse, das entspricht
ca. 400-500 g Kokosnussfleisch

800 g Wasser

**1.** Gib das Kokosnussfleisch in Stücken in den Mixtopf und zerkleinere es 10 Sekunden/ Stufe 8.

**2.** Schiebe die Stücke mit dem Spatel nach unten. Fülle das Wasser hinzu und koche die Mischung 10-12 Minuten/ 100°C/ Stufe 2 auf.

**3.** Gieße den Mixtopfinhalt durch ein feines Sieb und fange die Flüssigkeit auf. Jetzt nur noch abkühlen lassen und genießen.

**mixtipp**

Das ausgekochte Kokosfleisch kannst du auf ein Backblech legen und trocknen. So lässt es sich als leichte Kokosraspel-Variante zum Backen und Dekorieren verwenden.

4-8
Portionen   |   ca. 6 Min.   |   leicht

# SAHNE SCHLAGEN

**Zubereitungszeit: ca. 6 Minuten**
**Zutaten für 4-8 Portionen**

200-400 g kalte Sahne,
32 % Fett

**mixtipp**
Gehe während des Sahneschlagens nicht weg, da die Sahne schnell zu Butter werden kann. Sollte dies passieren – kein Drama – einfach weiterverarbeiten (siehe Seite 24).

**1.** Setze den gekühlten Schmetterling ein. Gieße 200-400 g kalte Sahne in den ebenfalls kalten Mixtopf und setze den Deckel auf.

**2.** Schlage die Sahne unter Beobachtung auf Stufe 3 so lange auf, bis du die Konturen des Schmetterlings am Mixtopf sehen kannst.

**3.** Öffne dann den Deckel und schiebe die noch flüssige Sahne mit dem Spatel vom Rand und Deckel in den Mixtopf.

**4.** Rühre die Sahne ohne Schmetterling kurz auf Stufe 6 fertig.

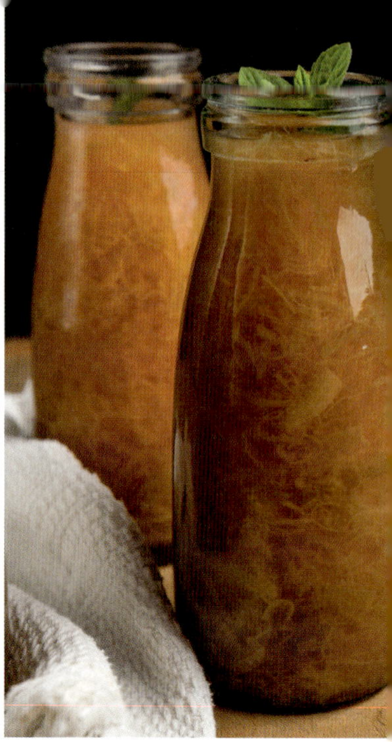

# AUS FRÜCHTEN

6 Gläser    8 h    leicht
15 Min.

# SAUERKIRSCH-MARMELADE

**Zubereitungszeit: 15 Minuten**
**Ruhezeit: 8 Stunden**
**Utensilien: 6 Schraubgläser,**
  **sterilisiert**
**Zutaten für 6 Gläser à 250 ml**

1000 g Kirschen, entsteint

500 g Gelierzucker 2:1

1 Vanillestange, ausgekratzt

30 g Amaretto, nach Belieben

**1.** Zerkleinere die Kirschen 3 Sekunden/ Stufe 5 im Mixtopf. Schiebe die Stücke mit dem Spatel nach unten.

**2.** Gib nun Gelierzucker und Vanillemark hinzu und verrühre die Zutaten 3 Sekunden/ Stufe 5. Stelle die Mischung nun über Nacht kühl.

**3.** Am nächsten Tag kochst du die Marmelade 12 Minuten/ 100°C/ Stufe 2 ohne Messbecher fertig. Setze dabei das Garkörbchen als Spritzschutz auf.

**4.** Nach der Gelierprobe und Sichtung kannst du je nachdem, wie fein du die Marmelade magst, alles ca. 8-20 Sekunden/ Stufe 8 pürieren. Achtung: Dabei den Messbecher wieder einsetzen!

**5.** Fülle die Marmelade heiß in Gläser ab und lass sie abkühlen. Die Marmelade ist 1 Jahr haltbar.

**mix**tipp
Bei diesem Rezept kann man einfach Obst und Zucker austauschen und zuzüglich mit Gewürzen, wie z.B. Zimt oder Anis, und Likören oder Schnäpsen den Geschmack variieren.

1 Liter | 30 Min. | leicht

# ENTSAFTEN

**Zubereitungszeit: 30 Minuten
Zutaten für ca. 1 Liter
 Flüssigkeit**

300 g Wasser

1000 g Johannisbeeren

**mixtipp**

Das geht auch sehr gut mit Holunderbeeren, Brombeeren und Kirschen.

**1.** Zuerst musst du 150 g Wasser in den Mixtopf geben. Schließe den Deckel und stelle den Varoma darauf. Lege 2 Löffel über Kreuz hinein, damit der Dampf zirkulieren kann.

**2.** Verteile 1000 g Johannisbeeren im Varoma und dämpfe sie 15 Minuten/ Varoma/ Stufe 1.

**3.** Leere den Mixtopf und drücke die Johannisbeeren im Varoma mit einem Schaumlöffel vor dem 2. Durchgang etwas an. Starte dann den 2. Durchgang.

**4.** Dafür füllst du wieder 150 g Wasser in den Mixtopf und dämpfst die Johannisbeeren erneut 10 Minuten/ Varoma/ Stufe 1.

**5.** Den so gewonnenen Saft kannst du z.B. zu Gelee oder Likör weiterverarbeiten.

360 g   5 Min.   leicht

# KIRSCHEN ENTSTEINEN

**Zubereitungszeit: 5 Minuten**
**Zutaten für 360 g entsteinte Kirschen**

500 g Kirschen

**1.** Gib die Kirschen in den Mixtopf. Zerkleinere sie 3 Minuten/ Stufe 3. Streiche die Masse anschließend durch ein grobes Sieb.

**2.** Die zerkleinerten, entsteinten Kirschen kannst du für die Marmeladen-, Eis- oder Dessertzubereitung weiter verwenden.

**3.** Aus den gereinigten Kirschkernen kannst du anschließend ein hübsches Kirschkernsäckchen basteln.

4 Gläser    20 Min.    leicht

# JOHANNISBEERGELEE

**Zubereitungszeit: 20 Minuten**
**Utensilien: 4 Schraubgläser,**
 **sterilisiert**
**Zutaten für 4 Gläser à 500 ml**

950 g Johannisbeersaft

1000 g Gelierzucker 1:1

1 Vanillestange, ausgekratzt

50 g Johannisbeerlikör,
nach Belieben

**1.** Vermenge den Johannisbeersaft mit dem Zucker und dem ausgekratzten Mark der Vanillestange im Mixtopf 4 Sekunden/ Stufe 5. Schiebe die Stücke mit dem Spatel nach unten.

**2.** Koche die Mischung dann 14 Minuten/ 100°C/ Stufe 2 auf. Das Gelee muss mindestens 4 Minuten gekocht haben. Mache anschließend eine Gelierprobe, schäume das Gelee eventuell ab und fülle es anschließend in Gläser ab.

4-6
Portionen          10 Min.          leicht

# KOMPOTT

**Zubereitungszeit: 10 Minuten**
**Zutaten für 4-6 Portionen**

750 g Obst (z.B. Rhabarber in Stücken), frisch oder gefroren

200 g Wasser oder Saft

100 g Zucker

**1.**  Putze das Obst, wenn nötig, und wiege es in den Mixtopf ein.

**2.**  Gib Wasser und Zucker hinzu und koche die Fruchtmischung 8 Minuten/ 100°C/ Stufe 1. Wenn du Fruchtstücke in deinem Kompott haben möchtest, kannst du dazu den Linkslauf einschalten.

**3.**  Schon ist das Kompott fertig. Möchtest du das Kompott allerdings dicker haben, kannst du 25 g Speisestärke vor Schritt 2 in den Mixtopf geben und mitkochen. Im Kühlschrank ist das Kompott ca. 6 Tage haltbar.

**mix**tipp

Das Einfrieren dieser Leckerei klappt super. Fülle das Kompott dafür einfach in Plastikdosen mit Deckel ab. Das Kompott ist dann ca. 3 Monate haltbar.

**mix**tipp

Falls sich auf deinen Tiefkühlfrüchten Eiskristalle gebildet haben, gib das Gefriergut in den Varoma, setze den Deckel auf und schüttle es kurz über der Spüle. Das Obst ist nun locker und von Eis befreit.

# SÜSSES

500 g  37 Min.  leicht

# MARZIPAN SELBSTGEMACHT

**Zubereitungszeit: 7 Minuten**
**Ruhezeit: 30 Minuten**
**Zutaten für 500 g Marzipan**

250 g Zucker

250 g geschälte Mandeln

1 Eiweiß, Größe M

½ Viole/ 1 g Bittermandel-Aroma

25 g Rosenwasser, erhältlich in der Apotheke

**1.** Zerkleinere den Zucker 18 Sekunden/ Stufe 10 im Mixtopf. Warte 1 Minute, bevor du den Deckel öffnest, da der Zucker sehr staubt. Fülle den Puderzucker in eine Schüssel um.

**2.** Jetzt mahlst du die Mandeln im Mixtopf 8 Sekunden/ Stufe 10. Die Mandeln sollten nach dem Mahlen leicht klebrig sein vom ausgetretenen Mandelöl. Gib den gemahlenen Zucker, Eiweiß, Bittermandel-Aroma und Rosenwasser hinzu und vermenge die Zutaten 10 Sekunden/ Stufe 5.

**3.** Wickele die Masse in Klarsichtfolie ein und lege sie bis zur Weiterverarbeitung für 30 Minuten in den Kühlschrank.

**4.** Die Masse ist im Kühlschrank, luftdicht verschlossen, für kurze Zeit haltbar.

**mix**tipp

Für ein besonderes Marzipan gibst du 3 EL Rum oder 2 EL Amaretto zu den restlichen Zutaten.

**mix**tipp

Hartgewordenes Marzipan kannst du in Stücken in den Mixtopf geben und mit 1-2 TL Rosenwasser aus der Apotheke bei Stufe 1-2-3-4, wobei du schrittweise höher stellst, wieder geschmeidig kneten.

200 g | 30-32 Min. | leicht

# GEBRANNTE MANDELN

**Zubereitungszeit: 20 Minuten**
**Utensilien: 1 Backblech**
**Backzeit: 10-12 Minuten,**
  **180°C Ober-/Unterhitze**
**Zutaten für 200 g gebrannte**
  **Mandeln**

120 g Wasser

200 g Zucker

1 EL Vanillezucker

½ TL Zimt

200 g Mandeln, ungeschält

**1.** Lege ein Backblech mit Backpapier aus. Fülle Wasser, Zucker, Vanillezucker und Zimt in den Mixtopf und lass die Mischung 3 Minuten/ Varoma/ Stufe 1 aufkochen.

**2.** Füge die Mandeln hinzu und koche alles 15 Minuten/ Varoma/ Linkslauf/ Stufe 1 ohne Messbecher ein.

**3.** Verteile die Mandeln nun auf dem vorbereiteten Backblech und backe sie ca. 10-12 Minuten/ 180°C Ober-/Unterhitze im Backofen. Behalte die Mandeln immer im Auge, sie verbrennen schnell.

4 Portionen | 7 Min. | leicht

**mixtipp**

Folgende Variationen sind sehr empfehlenswert: 100 g Marzipan, 50 g Blockschokolade, 100 g Toffifee, 100 g frische Erdbeeren oder 1 Banane.

# PUDDING
## GRUNDREZEPT

**Zubereitungszeit: 7 Minuten**
**Zutaten für 4 Portionen**

500 g Milch

1 Ei, Größe M

20-50 g Zucker

20 g Speisestärke

½ Vanillestange, ausgekratzt

**mixtipp**

Der Pudding wird nicht fest? Das liegt meistens daran, dass zu langsam gerührt wird und die Stärke sich auf dem heißen Mixtopfboden absetzt, ohne sich vorher mit der heißen Milch vermischt zu haben. Das kannst du verhindert, indem du den Thermomix etwas schneller drehen lässt – mindestens auf Stufe 2.

**1.** Gib Milch, Ei, Zucker, Speisestärke und das ausgekratzte Mark der halben Vanillestange in den Mixtopf und verrühre die Zutaten 7 Minuten/ 100°C/ Stufe 2. Achte darauf, dass der Pudding mindestens 2 Minuten auf 100°C aufkocht, damit sich die Milch mit der Stärke verbinden kann.

**2.** Fertig ist der leckere Pudding. Fülle ihn in eine Schüssel und stelle ihn kalt. Um Hautbildung zu verhindern, lege Frischhaltefolie direkt auf die Puddingoberfläche.

**Variationen:** Spiele mit allen Varianten, probiere verschiedenste Gewürze (Zimt, Anis, Vanille), Kekse, Spekulatius, Mohn, Nüsse, frisches Obst, Liköre und Säfte aus. Statt Milch kannst du auch Sahne, Kokosmilch oder Mandelmilch sowie alle Säfte zur Puddingzubereitung verwenden.

1 Tasse  1 Min.  leicht

# ZUCKERGLASUR

**Zubereitungszeit: 1 Minute
Zutaten für 1 Tasse Glasur**

200 g Zucker

3 EL Wasser oder Zitronensaft

**Variationen:**

Kirschsaft: rosarot

Multivitaminsaft: gelb-orange

Holundersaft: lila-blau

**1.** Pulverisiere den Zucker 30 Sekunden/ Stufe 10 und warte 1 Minute, bevor du den Deckel öffnest.

**2.** Füge die Flüssigkeit deiner Wahl hinzu und rühre sie 20 Sekunden/ Stufe 3 unter den Zucker.

**3.** Fertig ist die Glasur.

1 Tasse | 2 Min. | leicht

# CAPPUCCINOGLASUR

**Zubereitungszeit: 2 Minuten**
**Zutaten für 1 Tasse Glasur**

200 g Zucker

3 TL Cappuccinopulver
(oder Kakao)

3 EL Wasser (oder Baileys)

**1.** Zerkleinere den Zucker 30 Sekunden/ Stufe 10 und warte 1 Minute, bevor du den Deckel öffnest.

**2.** Gib das Cappuccinopulver und das Wasser hinzu und rühre die Zutaten 1 Minute/ Stufe 3 zu einer glatten Glasur fertig.

1 Tasse | 1 Min. | leicht

# FRÜCHTEGLASUR

**Zubereitungszeit: 1 Minute**
**Zutaten für 1 Tasse Glasur**

200 g Zucker

1 EL Johannisbeergelee

1 Eiweiß, Größe M

**1.** Pulverisiere den Zucker 30 Sekunden/ Stufe 10, warte 1 Minute und fülle ihn dann in eine Schale um.

**2.** Erwärme das Johannisbeergelee im Mixtopf 1 Minute/ 70°C/ Stufe 1.

**3.** Gib den Puderzucker und das Eiweiß hinzu und vermische die Zutaten 30 Sekunden/ Stufe 4 zu einer schön farbigen Glasur.

**4.** Streiche die Glasur auf das noch warme Gebäck.

**mixtipp**

Statt Johannisbeergelee kannst du auch jedes andere Gelee, Aroma oder jeden Likör verwenden.

6 Portionen | 10-12 h 5 Min. | leicht

# SAHNEEIS
## GRUNDREZEPT

**Zubereitungszeit: 5 Minuten**
**Gefrierzeit: 10-12 Stunden**
**Utensilien: 1 Kastenform**
**Zutaten für 6 Portionen**

150 g Zucker

1 Prise Salz

300 g Milch

300 g Sahne

1. Gib Zucker mit Salz in den Mixtopf und pulverisiere beides 20 Sekunden/ Stufe 10. Warte 1 Minute, bevor du den Deckel öffnest, da die Mischung sehr staubt.

2. Fülle die Milch und die Sahne hinzu und verrühre die Zutaten 1 Minute/ Stufe 2 mit Zucker und Salz.

3. Gib diese Masse nun in eine Kastenform, decke sie mit Frischhaltefolie ab und stelle sie über Nacht (ca. 10-12 Stunden) ins Gefrierfach.

4. Schneide die gefrorene Masse in Würfel von ca. 4 cm und rühre sie im Mixtopf 15 Sekunden/ Stufe 8 cremig. Serviere das Eis sofort.

**mixtipp**

Anstelle von Sahne kannst du auch Joghurt, Mandelmilch, Buttermilch, Sojamilch oder Kokosmilch dazugeben.

6 Portionen | 10-12 h 5 Min. | leicht

# JOGHURTEIS

**Zubereitungszeit: 5 Minuten**
**Gefrierzeit: 10-12 Stunden**
**Utensilien: 1 flache Form**
**Zutaten für 6 Portionen**

150 g Zucker

¼ Vanillestange, ausgekratzt

400 g Joghurt, 10 % Fett

200 g Sahne

**1.** Gib den Zucker in den Mixtopf und pulverisiere ihn 20 Sekunden/ Stufe 10. Warte 1 Minute, bevor du den Deckel öffnest, da der Puderzucker sehr staubt.

**2.** Füge das ausgekratzte Vanillemark, den Joghurt und die Sahne hinzu und verrühre die Zutaten 1 Minute/ Stufe 2 mit dem Puderzucker.

**3.** Fülle diese Masse nun in eine flache Form, die du mit Frischhaltefolie zudeckst, und stelle die Form über Nacht (ca. 10-12 Stunden) ins Gefrierfach.

**4.** Schneide die gefrorene Masse in Würfel von ca. 4 cm und rühre sie im Mixtopf 15 Sekunden/ Stufe 8 cremig. Serviere das Eis sofort.

6-8
Portionen

1 h
5 Min.

leicht

# WEIHNACHTSEIS

**Zubereitungszeit: 5 Minuten**
**Ruhezeit: ca. 1 Stunde**
**Utensilien: 1 Silikonform**
**Zutaten für 6-8 Portionen**

30 g Zucker

100 g Spekulatius

200 g Bananenscheiben,
gefroren

200 g Äpfel, in Stücken, gefroren

2 Msp. Zimt

Zitronensaft, nach Belieben

200 g kalte Sahne

**1.** Pulverisiere den Zucker im Mixtopf 6 Sekunden/ Stufe 10. Warte 1 Minute, bevor du den Deckel öffnest, da der Puderzucker sehr staubt.

**2.** Füge Spekulatius hinzu und zerkleinere beides noch einmal 6 Sekunden/ Stufe 8. Schiebe die Stücke mit dem Spatel nach unten.

**3.** Gib nun Bananenscheiben, Apfelstücke, Zimt und Zitronensaft hinzu und vermenge die Zutaten 10-20 Sekunden/ Stufe 5-6.

**4.** Fülle nun die kalte Sahne dazu und rühre alles 10-15 Sekunden/ Stufe 5-6 glatt. Friere das Eis noch einmal in einer Silikonform für ca. 1 Stunde ein.

4-6
Portionen    5 Min.    leicht

# FRUCHTEIS

**Zubereitungszeit: 5 Minuten**
**Zutaten für 4-6 Portionen**

40-60 g Zucker, nach Belieben

300 g gefrorene Früchte,
in Stücken, z.B. Himbeeren

100-200 g Sahne oder Joghurt,
nach Belieben

**1.** Pulverisiere den Zucker 10 Sekunden/ Stufe 10 im trockenen Mixtopf. Warte aufgrund der Zuckerstaubentwicklung 1 Minute, bevor du den Deckel öffnest.

**2.** Gib nun die Früchte hinzu und zerkleinere sie 10 Sekunden/ Stufe 8.

**3.** Als Nächstes fügst du die Sahne oder den Joghurt hinzu und verarbeitest alle Zutaten 30 Sekunden/ Stufe 4 zu einem tollen Fruchtcremeeis.

**mix**_tipp_

Wenn Bananen die Tigerenten-Farbe bekommen, schneide ich sie in Scheiben und friere sie ein – ich verwende die Scheiben gefroren als Zuckerersatz.

4-6 Portionen

5 Min.

leicht

# SOFTEIS

**Zubereitungszeit: 5 Minuten**
**Zutaten für 4-6 Portionen**

50 g Zucker

300 g gefrorene Früchte,
in Stücken, z.B. Heidelbeeren

1-2 Eiweiß, Größe M

**1.** Pulverisiere den Zucker 10 Sekunden/ Stufe 10. Warte wegen des Zuckerstaubs 1 Minute, bevor du den Deckel öffnest.

**2.** Gib nun die gefrorenen Früchte dazu und zerkleinere sie 10 Sekunden/ Stufe 8-10.

**3.** Setze den Schmetterling ein, füge Eiweiß zu der Fruchtmischung hinzu und schlage die Masse ca. 3 Minuten/ Stufe 3 auf.

**mixtipp**
Achtung, je mehr Eiweiß du unter das Eis mischst, umso geschmackloser wird es. Bleibe deshalb lieber bei 2 Eiweiß.

**mixtipp**
Ich friere auf die Schnelle auch mal Dosenobst ein. Egal ob Mandarinen oder Pfirsiche — dieses Eis wird immer lecker.

4-6 Portionen | 10 h 25 Min. | leicht

# WEISSES SCHOKO-PARFAIT

**Zubereitungszeit: 15 Minuten**
**Utensilien: 1 Kastenform**
**Ruhezeit: 10 Stunden**
 **10 Minuten**
**Zutaten für 4-6 Portionen**

600 g Sahne

300 g weiße Schokolade, in Stücken

3 Eier, Größe M

3 EL Amaretto

**mixtipp**

Zur Weihnachtszeit lege ich vor dem Gefrieren eine Reihe Dominosteine in die Mitte des Parfaits. Lecker!

**1.** Schlage die Hälfte der Sahne im Mixtopf unter Beobachtung mit dem Schmetterling auf Stufe 3 steif. Fülle sie dann in eine Schüssel um und wiederhole den Vorgang mit der restlichen Sahne. Stelle die Sahne bis zur Verarbeitung im Kühlschrank kalt.

**2.** Säubere den Mixtopf und trockne ihn ab. Zerkleinere jetzt die Schokolade 8 Sekunden/ Stufe 6, schiebe die Stückchen mit dem Spatel nach unten und gib Eier und Amaretto hinzu.

**3.** Erwärme die Mischung 5 Minuten/ 70°C/ Stufe 6 und lass sie anschließend 10 Minuten im Kühlschrank abkühlen.

**4.** Hebe danach vorsichtig die geschlagene Sahne unter die Schokoladenmasse. Fülle die Masse in eine Kastenform, decke sie mit Frischhaltefolie zu und stelle die Parfaitmasse ca. 10 Stunden in das Gefrierfach.

**5.** Nimm das Parfait 20 Minuten vor dem Servieren aus dem Gefrierfach.

# GETRÄNKE

4-6
Portionen

2 Min.

leicht

# EISKAFFEE

**Zubereitungszeit: 2 Minuten**
**Zutaten für 4-6 Portionen**

10 Eiswürfel

2 EL löslicher Kaffee,
z.B. Caro-Kaffee oder Espresso

1 EL Zucker, nach Belieben

1000 g Milch, 1,5 % Fett

**1.** Crushe zuerst die Eiswürfel 8 Sekunden/ Stufe 10 und gib dann löslichen Kaffee, Zucker und Milch hinzu.

**2.** Schäume die Flüssigkeit 20 Sekunden/ Stufe 8-10 auf, indem du langsam von Stufe 8 auf 10 hochschaltest.

**mix**tipp

Ich friere im Sommer meinen Kaffeerest vom Morgen ein. Als Eiswürfel landet er dann mit Zucker und Milch im Mixtopf und wird zum Eiskaffee-Frappé.

2 Portionen | 1 Min. | leicht

# MOLKE-GETRÄNK

**Zubereitungszeit: 1 Minute**
**Zutaten für 2 Portionen**

120-150 g Molke (s. S. 24)

100 g Heidelbeeren
oder Beeren deiner Wahl

Honig, nach Belieben

**1.** Verwende die bei der Butterproduktion entstandene Molke für einen leckeren Drink. Dazu kannst du 100 g gefrorene Heidelbeeren 10 Sekunden/ Stufe 4 zerkleinern und anschließend 20 Sekunden/ Stufe 10 mit der von dir hergestellten Molke vermischen.

**2.** Wenn du magst, kannst du noch mit Honig süßen. Du kannst auch andere Früchte verwenden, zum Beispiel Johannisbeeren oder Erdbeeren.

**mix**tipp
Du solltest die Molke
sofort verwenden und
aufbrauchen.

BASICS

4-6 Portionen — 1 Min. — leicht

# ZITRONENLIMONADE

**Zubereitungszeit: 1 Minute**
**Zutaten für 4-6 Portionen**

2 unbehandelte Bio-Zitronen

10 Eiswürfel

40 g Zucker

1000 g kaltes Wasser

**1.** Halbiere die gewaschenen Zitronen. Schneide die Stücke dann nochmals 4-5 mal durch. Gib die Stücke in den Mixtopf. Zerkleinere sie 4 Sekunden/ Turbo (TM 5) oder drücke 4 x die Turbotaste (TM 31).

**2.** Schiebe die Stücke mit dem Spatel nach unten. Füge Eiswürfel, Zucker und Wasser hinzu und vermenge die Zutaten 10 Sekunden/ Stufe 5.

**3.** Gieße die Limo durch das Garkörbchen ab und fülle die fertige Limo in Flaschen um.

mix*tipp*
Decke den Mixtopfdeckel mit einem Handtuch ab, da die Flüssigkeit während der Zubereitung spritzen kann!

mix*tipp*
Die Limo ist im Kühlschrank aufbewahrt 2-3 Tage genießbar.

**mixtipp**

Gib Minze oder Basilikum dazu, so ist die Limo besonders erfrischend.

# GEWÜRZE &
# ZUCKER-
# MISCHUNGEN

6-8 Gläser | 55 Min. | leicht

# GEMÜSEPASTE

**Zubereitungszeit: 55 Minuten**
**Utensilien: 6-8 Schraubgläser,**
 **sterilisiert**
**Zutaten für 6-8 Gläser à 150 ml**

250 g Stauden- oder
Knollensellerie, in Stücken

300 g Möhren, geschält und
in Stücken

150 g Zwiebeln, halbiert

100 g Tomaten

150 g Zucchini, in Stücken

1-3 Knoblauchzehen, nach
Belieben

80 g Champignons, frisch

1 Lorbeerblatt

8 Stängel Petersilie

200 g Meersalz, grob

30 g Weißwein, trocken

1 EL Olivenöl

**1.** Schneide das Gemüse in grobe Stücke und zer-
häcksele es zusammen mit Lorbeer, Petersilie und
Meersalz mithilfe des Spatels 10 Sekunden/ Stufe 7-8.
Schiebe die Stücke mit dem Spatel nach unten.

**2.** Gib Weißwein und Olivenöl hinzu und koche die
Paste 55 Minuten/ Varoma/ Stufe 2 ohne Messbecher
ein. Du kannst als Spritzschutz das Garkörbchen auf
den Deckel setzen.

**3.** Püriere die Gemüsemischung 1 Minute 30 Sekun-
den/ Stufe 10. Fülle die Paste in Schraubgläschen um
und lass sie abkühlen.

**mixtipp**

Abgekühlte Gemüsepaste hält
sich im Kühlschrank mehrere
Monate. Gemüse kann variiert
werden, Sellerie sollte aber
immer bleiben.

**mixtipp**

1 gehäufter Teelöffel der Paste entspricht ca. 1 Würfel Suppenbrühe für 500 g Wasser, um 500 g Gemüsebrühe zu erhalten.

1 Glas | 1 Min. | leicht

# GEWÜRZSALZ –
## SELBSTGEMACHT

**Zubereitungszeit: 1 Minute**
**Utensilien: 1 Schraubglas,**
   **sterilisiert**
**Zutaten für 1 Glas à 100 ml**

50 g Suppengemüse, getrocknet

1 EL Kurkuma

1 EL Paprikapulver, edelsüß

1 TL Knoblauch, granuliert

1 EL Meersalz

½ TL Pfefferkörner

**1.** Zerkleinere alle Zutaten zusammen 10 Sekunden/ Stufe 10 im Mixtopf.

**2.** Fülle das Gewürz in ein Schraubglas um und lagere es trocken, dunkel und gut verschlossen. So ist es bis zu 6 Monate verwendbar.

**Varianten:**
- Mit Chili
- Mit Majoran
- Mit Basilikum

**mixtipp**

Lauch, Möhren, Sellerie, Petersi-lienwurzel, Liebstöckel, Zwiebel, Staudensellerie, Petersilie und Pilze kann man zerkleinert im Backofen trocknen. 500 g frisches Gemüse ergibt ca. 50 g getrocknetes.

Ginseng

1 Glas | 1 Min. | leicht

# EINTOPFGEWÜRZ

**Zubereitungszeit: 1 Minute**
**Utensilien: 1 Schraubglas,**
  **sterilisiert**
**Zutaten für 1 Glas à 250 ml**

45 g getrocknete
Thymianblättchen

200 g grobes Meersalz

1 TL getrocknete Chiliflocken

1 TL Kreuzkümmel

2 TL Knoblauchscheiben,
getrocknet

2 TL brauner Rohrzucker

**1.** Gib Thymian, Meersalz, Chiliflocken, Kreuzkümmel, Knoblauchscheiben und Rohrzucker in den Mixtopf und mahle alles 3 Sekunden/ Stufe 4 grob.

**2.** Fülle die Gewürzmischung in ein Schraubglas und
lagere es trocken und gut verschlossen.

mix**tipp**

Das Gewürz ist bis zu
6 Monate haltbar.

1 Glas | 2 Min. | leicht

# KRÄUTERSALZ
## GRUNDREZEPT

**Zubereitungszeit: 2 Minuten**
**Utensilien: 1 Schraubglas,**
  **sterilisiert**
**Zutaten für 1 Glas à 300 ml**

ca. 40 g getrocknete Kräuter, gemischt

300 g grobes Meersalz

1.  Die getrockneten Kräuter zerkleinerst du 10 Sekunden/ Stufe 8-10.

2.  Gib jetzt 200 g Meersalz hinzu und pulverisiere es 10 Sekunden/ Stufe 8-10.

3.  Zum Schluss mischst du 5 Sekunden/ Stufe 2 das restliche Meersalz hinzu. Fülle das Kräutersalz in ein Schraubglas ab und bewahre es dunkel und trocken auf. So ist es bis zu 6 Monate haltbar.

**mixtipp**
Wunderschön verpackt ist dies ein tolles Mitbringsel, das sofort Verwendung findet.

**mixtipp**
Wenn du noch Käsereste übrig hast, kannst du diese mit der Turbofunktion zerkleinern und mit Kräutern mischen. Diese Mischung kann super eingefroren werden und eignet sich zum Würzen von Suppen, Saucen und Pizza.

1 Glas    1 Min.    leicht

# KRÄUTERSALZ

**Zubereitungszeit:** 1 Minute
**Utensilien:** 1 Schraubglas,
  sterilisiert
**Zutaten für 1 Glas à 350 ml**

3 Lorbeerblätter

2 TL Pfeffer

2 TL Majoran, gerebelt

2 TL Thymian, getrocknet

1 TL Rosmarin, getrocknet

1 TL Nelken

1 TL Cayennepfeffer

300 g Meersalz

1. Mahle alle Zutaten sehr fein. Dazu lässt du 1 Minute lang die Turbofunktion laufen.

2. Das Kräutersalz ist 6 Monate verwendbar.

**mix*tipp***

Du kannst das Kräutersalz z.B. zum Würzen von Dips, Aufstrichen, Putengeschnetzeltem, Gulasch und Gemüsesuppen verwenden.

1 Glas  |  2 Min.  |  leicht

# GEWÜRZMISCHUNG FÜR GEFLÜGEL

**Zubereitungszeit: 2 Minuten**
**Utensilien: 1 Schraubglas,**
**sterilisiert**
**Zutaten für 1 Glas à 200 ml**

4 EL getrockneter Rosmarin

3 EL getrockneter Salbei

2 TL Chiliflocken

3 TL Fenchelsaat

2 TL weiße Pfefferkörner

4 TL getrocknete Orangenschale

2 TL Zimtblüten, z.B. von Fuchs

2 EL Koriandersamen

**1.** Gib Rosmarin, Salbei, Chiliflocken, Fenchelsaat, Pfefferkörner, Orangenschale, Zimtblüten und Koriandersamen in den Mixtopf und vermische die Zutaten 4 Sekunden/ Linkslauf/ Stufe 2 miteinander.

**2.** Nun kannst du, je nach Geschmack, die Mischung 3 Sekunden/ Stufe 5 mahlen. Wenn du eine feinere Körnung haben möchtest, stelle den Thermomix auf Stufe 7.

**mixtipp**
Im Schraubglas aufbewahrt ist das Gewürz 6 Monate haltbar. Reibe Geflügel damit ein oder bestreue es mit der Gewürzmischung und gib es dann in den Varoma, Ofen oder in die Pfanne.

20 g     1 Min.     leicht

# BROTGEWÜRZ

**Zubereitungszeit: 1 Minute**
**Zutaten für ca. 20 g**

2 EL Fenchelsamen

2 EL Kümmel

2 EL Anissterne

1 EL Koriandersamen

1. Mahle alle Gewürze zusammen 10 Sekunden/ Stufe 10 im Mixtopf. Verwende 1 TL des Brotgewürzes auf 1000 g Brotteig.

2. Das Brotgewürz ist in einem Schraubglas aufbewahrt 1 Monat verwendbar.

**mixtipp**

Das Brotgewürz kannst du direkt mit den Getreidekörnern mahlen. So intensiviert sich der Geschmack.

35 g    1 Min.    leicht

# FISCHGEWÜRZ

**Zubereitungszeit: 1 Minute**
**Zutaten für ca. 35 g**

1 TL grobes Meersalz

1 TL Kümmel

1 TL Pfefferkörner

1 TL Rosa Beeren

1 TL Koriandersamen

1 TL ausgelöste Samen
vom Sternanis

1. Mahle alle Gewürze zusammen im Mixtopf 20 Sekunden/ Stufe 10 fein.

2. Das Gewürz ist in einem Schraubglas aufbewahrt 1 Monat verwendbar.

**mixtipp**

Die hier zubereitete Menge reicht für 500-800 g Fisch. Verteile das Gewürz auf einen Teller und drücke den Fisch mit einer Seite in das Gewürz. So erhältst du eine tolle Gewürzkruste.

4 Gläser  1 Min.  leicht

# ADVENTSZUCKER

**Zubereitungszeit: 1 Minute**
**Utensilien: 4 Schraubgläser,**
  **sterilisiert**
**Zutaten für 4 Gläser à 100 ml**

200 g Zucker

1 Zimtstange

2 ganze Anissterne

1 TL Korianderkörner (ganz)

1 TL Kardamom (ganz)

1 Prise Muskatnuss

½ Vanillestange

1 Prise Tonkabohnenabrieb

5 Pimentkörner

10 Nelken

eventuell 150 g grober Zucker

1.  Gib alle Zutaten in den Mixtopf und pulverisiere sie 30 Sekunden/ Stufe 10.

2.  Du kannst je nach Geschmack noch 150 g Zucker hinzugeben und ihn 5 Sekunden/ Stufe 5 untermengen.

**mixtipp**

Statt weißen Haushaltszuckers kann man auch Fruchtzucker für Diabetiker oder braunen Rohrzucker verwenden.

**mixtipp**

Lege vor dem Schließen des Mixtopfes Klarsichtfolie auf den Mixtopf. Setze dann den Deckel auf und mahle den Zucker. So verhinderst du, dass es staubt.

1 Glas | 1 Min. | leicht

# VANILLEZUCKER

**Zubereitungszeit: 1 Minute**
**Utensilien: 1 Schraubglas,**
**sterilisiert**
**Zutaten für 1 Glas à 250 ml**

250 g Zucker

2 Stangen Vanille,
in Stücke gebrochen

**1.** Pulverisiere Zucker und Vanille zusammen im Mixtopf 20 Sekunden/ Stufe 10. Kratze den Zucker mithilfe des Spatels vom Mixtopfrand ab und fülle den Vanillezucker in ein Schraubglas ab. Der Zucker ist 6 Monate genießbar.

**mixtipp**
Die Vanillestange vor der Zubereitung aus der Viole nehmen und zum Zucker geben. Im Zucker 3-6 Tage austrocknen lassen und dann komplett mahlen.

2 Gläser  3 h 5 Min.  leicht

# INGWERZUCKER

**Zubereitungszeit: 3 Stunden
5 Minuten
Utensilien: 2 Schraubgläser,
sterilisiert
Zutaten für 2 Gläser à 120 ml**

40 g Ingwer

220 g brauner Rohrzucker

1.  Mahle den geschälten Ingwer und den Zucker zusammen 10 Sekunden/ Stufe 8 im Mixtopf. Schiebe den Zucker mit dem Spatel nach unten und mahle ihn nochmals 6 Sekunden/ Stufe 8.

2.  Verteile den Ingwerzucker auf ein mit Backpapier ausgelegtes Backblech und trockne ihn für 3 Stunden/ 40°C Ober-/Unterhitze. Stecke einen Kochlöffel zwischen die Backofentür, damit die Feuchtigkeit entweichen kann. Der Zucker muss absolut trocken sein.

3.  Gib den getrockneten Ingwerzucker nochmals in den Mixtopf und mahle ihn 8 Sekunden/ Stufe 10 fein. Abgefüllt in Gläsern ist der Zucker 6 Monate haltbar.

**mixtipp**

Schmeckt lecker
im Tee.

3 Gläser | 1 Min. | leicht

# BRATAPFELZUCKER

Zubereitungszeit: 1 Minute
Utensilien: 3 Schraubgläser,
  sterilisiert
Zutaten für 3 Gläser à 150 ml

---

300 g Zucker

---

150 g Apfelringe, getrocknet

---

2 TL Zimt

---

1 TL Nelken

---

1.  Mahle 50 g Zucker, Apfelringe, Zimt und Nelken 12 Sekunden/ Stufe 10 im Mixtopf.

2.  Hebe mithilfe des Spatels den restlichen Zucker unter. Fertig. Abgefüllt in Schraubgläsern ist der Zucker ca. 4-6 Monate haltbar.

**mixtipp**

Der Zucker schmeckt besonders lecker zu Waffeln, Pfannkuchen und Pudding.

10 g  2-3 Tage  leicht

# ZITRONENAROMA

**Zubereitungszeit: 1 Minute**
**Utensilien: 1 Sparschäler**
**Ruhezeit: 2-3 Tage**
**Zutaten für 10 g Pulver**

2 Bio-Zitronen, das entspricht
ca. 10 g getrockneter Schale

1. Kaufe für das Zitronenaroma die Zitronen nur in Bio-Qualität. Wasche sie heiß, trockne sie ab und schäle anschließend mit einem Sparschäler die Schale ab. Lass die Schale nun 2-3 Tage trocknen.

2. Pulverisiere sie im Mixtopf anschließend 10 Sekunden/ Stufe 10.

**mixtipp**

Probiere es genauso mit Orangen und Limetten aus. Es eignet sich perfekt zum Kuchen backen, Marmeladen abschmecken, Saucen verfeinern und im Dessert.

60 g    10 Min.    leicht

# ZITRONEN- ODER ORANGENZUCKER-PASTE

**Zubereitungszeit: 10 Minuten**
**Zutaten für 60 g Paste**

2 unbehandelte Zitronen
oder Orangen

Zucker, nach Belieben

Wasser, nach Belieben

**1.** Schäle die Schale von zwei unbehandelten, abgewaschenen und abgetrockneten Orangen oder Zitronen mit dem Sparschäler dünn ab. Wiege die Menge in den Mixtopf ein.

**2.** Zerkleinere die Schalen im Mixtopf 20 Sekunden/ Stufe 10, die Stückchen am Rand schiebst du mit dem Spatel nach unten. Gib die gleiche Menge an Zucker und die gleiche Menge an Wasser hinzu.

**3.** Erhitze die Mischung 5 Minuten/ Varoma/ Stufe 1 ohne Messbecher. Lass so viel Flüssigkeit verdampfen, bis du die gewünschte Konsistenz des Zuckers erreicht hast.

**mixtipp**

Im Schraubglas abgefüllt und im Kühlschrank aufbewahrt hält dieser Orangen-Zitronenzucker etwa 4-6 Monate lang und wird zum natürlichen Aromatisieren von Gebäck, Dessert, Eis etc. verwendet.

**mixtipp**

Wenn du nur mal ein paar Tropfen Zitronensaft benötigst, stich mit einem Zahnstocher die Frucht an und presse den Saft heraus. So hält sich die Zitrone im Kühlschrank länger als aufgeschnitten.

# DRESSINGS
# & DIPS

4-6 Portionen  |  5 Min.  |  leicht

# WALNUSSDRESSING

**Zubereitungszeit: 5 Minuten**
**Utensilien: 1 Pfanne**
**Zutaten für 4-6 Portionen**

100 g Walnusskerne

½ Bund Dill, grob gehackt

1 Schalotte, halbiert

50 g Aceto Balsamico

40 g Walnussöl

40 g Olivenöl

½ TL Salz

4 TL Zucker

¼ TL Pfeffer

50 g Wasser

**1.** Röste zu Beginn die Walnusskerne in einer Pfanne ohne Öl an. Zerkleinere 80 g davon 5 Sekunden/ Stufe 6 im Mixtopf und fülle sie in eine Schüssel um.

**2.** Jetzt musst du den Dill und die Schalotte 5 Sekunden/ Stufe 6 zerhäckseln und die Stückchen mit dem Spatel nach unten schieben.

**3.** Vermenge die Mischung mit Aceto Balsamico, Walnuss- und Olivenöl, Salz, Zucker, Pfeffer, Wasser, den ganzen Walnusskernen und den zerkleinerten Walnüssen 10 Sekunden/ Stufe 5.

**mixtipp**
In Flaschen abgefüllt kann man das Dressing gut dosieren – es hält sich im Kühlschrank ca. 1-2 Wochen.

1 Flasche | 5 Min. | leicht

# SALATSAUCE AUF VORRAT

**Zubereitungszeit: 5 Minuten**
**Utensilien: 1 Glasflasche,**
 **sterilisiert**
**Zutaten für 1 Flasche à 900 ml**

---

2 Knoblauchzehen

---

1 Ei, Größe M

---

1 TL Senf, mittelscharf

---

100 g Weißweinessig

---

½ TL Pfeffer

---

3 TL Zucker oder 6 TL Stevia,
z.B. von Aldi

---

1 ½ TL Salz

---

2 TL getrocknete Kräuter

---

250 g Rapsöl

---

bis zu 500 g Joghurt
oder Buttermilch

---

**1.** Zerkleinere die Knoblauchzehen 3 Sekunden/ Turbo und schiebe die Stückchen mit dem Spatel nach unten.

**2.** Füge Ei, Senf, Weißweinessig, Pfeffer, Zucker, Salz und getrocknete Kräuter hinzu und vermenge die Mischung 30 Sekunden/ Stufe 5.

**3.** Stelle den Mixtopf anschließend auf Stufe 6 und lass das abgewogene Öl auf dem Deckelrand mit eingesetztem Messbecher 30-40 Sekunden dazu fließen.

**4.** Zum Schluss fügst du noch je nach Geschmack Joghurt oder Buttermilch hinzu und mengst die Zutat 5 Sekunden/ Stufe 3-4 unter. Die Sauce eignet sich super für alle Blattsalate, Rohkostsalate und gekochte Gemüsesorten.

**mixtipp**
In Plastik- oder Glasflaschen abgefüllt hast du deine Salatsauce für ca. 10 Tage auf Vorrat im Kühlschrank. Ohne Milchprodukte, stattdessen mit 700 g Öl, hält die Sauce sogar mindestens 14 Tage.

**mixtipp**

Keine Zwiebeln oder Schnittlauch hinzugeben – die Sauce gärt dann. Nimmt man Olivenöl, wird der Geschmack kräftiger.

2 Flaschen

1 h

leicht

# SELBSTGEMACHTER KETCHUP

**Zubereitungszeit: 1 Stunde**
**Utensilien: 2 Glasflaschen,**
 **sterilisiert**
**Zutaten für 2 Flaschen à 600 ml**

4 Knoblauchzehen

100 g rote Paprika, in Stücken

1 EL Thymianblätter

2 EL Olivenöl

100 g Tomaten, halbiert

625 g Weißweinessig

20 g brauner Rohrzucker

½ TL Salz

1 TL Cayennepfeffer

½ TL Zimt

½ TL Nelken

**1.** Zerkleinere Knoblauch, Paprika, Thymian und Öl zusammen 3 Sekunden/ Stufe 5 und schiebe die Stücke mit dem Spatel nach unten. Dünste die Stücke 3 Minuten/ 100°C/ Stufe 1 an.

**2.** Mische Tomaten, Weißweinessig, Rohrzucker, Salz, Cayennepfeffer, Zimt und Nelken 3 Sekunden/ Stufe 5 unter. Koche die Tomatenmischung dann ohne Messbecher mit dem Garkörbchen als Spritzschutz auf dem Deckel 50 Minuten/ Varoma/ Stufe 1. Setze jetzt den Messbecher auf und koche die Flüssigkeit weitere 5 Minuten/ Varoma/ Stufe 4.

**3.** Püriere den Ketchup 1 Minute/ Stufe 7-10, wobei du stufenweise von Stufe 7 bis Stufe 10 hochschaltest. Fülle den Ketchup noch heiß in sterilisierte Flaschen ab und verschließe sie sofort.

**mixtipp**

Der selbstgemachte Ketchup ist ca. 6 Monate haltbar.

6-8
Portionen    5 Min.    leicht

# AIOLI

**Zubereitungszeit: 5 Minuten**
**Zutaten für 6-8 Portionen**

3 Knoblauchzehen

1 Ei, Größe M

25 g Senf, mittelscharf

½ TL Salz

etwas weißer Pfeffer

250 g Olivenöl

**1.** Zerkleinere die Knoblauchzehen 3 Sekunden/ Stufe 5 und schiebe die Stückchen mit dem Spatel nach unten.

**2.** Menge Ei, Senf, Salz und Pfeffer 10 Sekunden/ Stufe 5 unter.

**3.** Stelle den Thermomix auf Stufe 3,5 und lass das Öl unter Beobachtung durch die Deckelöffnung mit dem eingesetzten Messbecher dazu laufen, bis du eine cremige Aioli hast.

**Variation:** Chili, Paprika und Kurkuma geben der Aioli Farbe und unterschiedliche Geschmacksrichtungen.

**mixtipp**
Das Öl sollte bei der Verarbeitung Raumtemperatur haben.

2 Gläser | 15 Min. | mittel

# WEISSWURSTSENF

**Zubereitungszeit:** 15 Minuten
**Ruhezeit:** 3 Wochen
**Utensilien:** 2 Schraubgläser,
  sterilisiert
**Zutaten für 2 Gläser à 400 ml**

200 g Senfkörner, weiß

50 g Senfkörner, schwarz

380 g Wasser

120 g Weißweinessig

120 g brauner Zucker

120 g Zucker

½ Zwiebel

4 Nelken

1 ½ TL Zitronenschale

**mixtipp**
Senfkörner findest
du in gut sortierten
Supermärkten oder in
der Apotheke.

**1.** Mahle zuerst die weißen und schwarzen Senfkörner 1 Minute/ Stufe 10 und warte 1 Minute, bis sich der Staub gelegt hat. Fülle die Senfmischung in eine Schale um.

**2.** Gib nun Wasser, Weißweinessig, braunen Zucker, Zucker, Zwiebel, Nelken und Zitronenschale in den Mixtopf und koche alles gemeinsam 10 Minuten/ 100°C/ Stufe 2.

**3.** Gieße die Mischung durch das Garkörbchen ab und fange den Sud auf. Fülle den Sud wieder in den Mixtopf.

**4.** Füge das Senfmehl hinzu und verrühre alles 10 Sekunden/ Stufe 3.

**5.** Fülle nun den Senf in Schraubgläser und verschließe diese fest – lass sie nun mindestens 3 Wochen ruhen.

**6.** Nach der Ruhezeit ist der Senf 4 Monate haltbar.

2 Gläser | 30 Min. | leicht

# SENF –
## EINFACH, VEGETARISCH, GUT

**Zubereitungszeit: 30 Minuten**
**Ruhezeit: 3 Wochen**
**Utensilien: 2 Schraubgläser,**
  **sterilisiert**
**Zutaten für 2 Gläser à 200 ml**

80 g gelbe Senfsaat

½ TL Kurkuma

120 g lauwarmes Wasser

100 g Weißweinessig

25 g flüssiger Honig

10 g Salz

1 EL Traubenkernöl
oder Sonnenblumenöl

**1.** Mahle zuerst die Senfsaat 1 Minute/ Stufe 10. Warte etwas vor dem Öffnen des Deckels, bis sich der Staub gesetzt hat.

**2.** Gib nun Kurkuma und Wasser hinzu und lass alles ca. 20 Minuten quellen.

**3.** Füge anschließend Essig, Honig und Salz hinzu und erwärme die Senfmischung 5 Minuten/ 70°C/ Stufe 2.

**4.** Gib zu guter Letzt das Öl hinzu und rühre den Senf 10 Sekunden/ Sanftrührstufe fertig.

**5.** Fülle den fertigen Senf in saubere Twist-off-Gläser ab. Im Kühlschrank lässt du den Senf die nächsten 2-3 Wochen „reifen". Nach dieser Zeit ist der Senf 6 Monate haltbar.

2 Gläser  2 Min.  leicht

# BÄRLAUCH-PESTO

**Zubereitungszeit: 2 Minuten**
**Utensilien: 2 Schraubgläser,**
  **sterilisiert, 1 Pfanne**
**Zutaten für 2 Gläser à 140 ml**

50 g Pinienkerne

50 g Parmesan, in Stücken

100 g Bärlauch, grob zerkleinert

1 Prise Salz

1 Prise Pfeffer

80 g Olivenöl

**1.** Röste die Pinienkerne in einer fettfreien Pfanne an, bis sie goldbraun sind.

**2.** Als Nächstes musst du den Parmesan 10 Sekunden/ Stufe 8 zerkleinern. Schiebe die Stücke mit dem Spatel nach unten. Gib die Pinienkerne hinzu und vermische sie mit den Käseraspeln 5 Sekunden/ Stufe 6.

**3.** Nachdem du die restlichen Zutaten hinzugeben hast, vermischst du das Pesto 20 Sekunden/ Stufe 6. Abgefüllt in Gläsern hält es sich bis zu 2 Monate im Kühlschrank. Achte nur darauf, dass die Mischung immer mit Öl bedeckt ist.

**mix**tipp
Ohne Parmesan oder Pinienkerne hält sich das Pesto ca. 1 Jahr im Kühlschrank.

2 Gläser | 5 Min. | leicht

# PESTO ROSSO

**Zubereitungszeit: 5 Minuten**
**Utensilien: 2 Schraubgläser,**
  **sterilisiert, 1 Pfanne**
**Zutaten für 2 Gläser à 220 ml**

25 g Pinienkerne, geröstet

100 g getrocknete Tomaten

75 g Parmesan, in Stücken

40 g Pecorino

1 Tomate, halbiert

150 g Olivenöl

**mixtipp**
Das Pesto passt klassisch zu Nudeln. Pesto rosso ist aber auch lecker auf Brot oder zum Würzen von Suppen und Saucen.

**1.** Zuerst röstest du die Pinienkerne in einer Pfanne ohne Öl leicht an, so intensiviert sich der Geschmack. Stelle sie beiseite.

**2.** Die getrockneten Tomaten zerkleinerst du 10 Sekunden/ Stufe 10 und füllst die Stückchen anschließend in eine Schüssel um.

**3.** Beide Käsesorten zerhäckselst du jetzt 15 Sekunden/ Stufe 10 im Mixtopf, schiebst die Stücke mit dem Spatel nach unten und gibst die Pinienkerne hinzu. Zerkleinere sie ebenfalls 6 Sekunden/ Stufe 8. Schiebe die Stücke wiederum mit dem Spatel nach unten.

**4.** Abschließend gibst du die frische und die getrockneten Tomaten und das Olivenöl hinzu und vermengst alles 1 Minute/ Stufe 5-6 zu einer homogenen Masse.

**5.** Fülle das fertige Pesto in die Gläser ab. Achte immer darauf, dass die Masse von einer Ölschicht bedeckt ist. Fülle dazu gegebenenfalls etwas Öl nach. Im Kühlschrank ist das Pesto ca. 2 Wochen haltbar.

### Ersatz für Pinienkerne – Die Erdnuss

Erdnüsse sind ein preiswerter und leckerer Ersatz für Pinienkerne. Röste sie ganz oder grob zerkleinert in einer Pfanne ohne Fett, damit peppst du Pesto, Dips, Salate, Cremesuppen & Gemüse auf. Sie passen aber auch zu Süßspeisen, Quark, Pudding, Eis und auf Kuchen. Lecker!

# Sichere dir zum Kennenlernen der MIXX-Zeitschrift jetzt ein Gratis-Exemplar im Wert von 4,90 €!

✂ — — — — — — — — — — — — — — — — — — — — — — — — — — — —

**Name:**

**Vorname:**

**Adresse:**

☐ Ja, schicken Sie mir Ihren kostenlosen E-Mail-Newsletter und halten Sie mich über Neuheiten und Sonderangebote des Heel-Verlags auf dem Laufenden!

**E-Mailadresse:**

Ihre Daten werden von der HEEL Verlag GmbH gespeichert, um Ihnen Informationen aus unserem Verlagsprogramm zukommen zu lassen. Ihnen entstehen weder Kosten noch Verpflichtungen.
Sie können sich jederzeit vom Newsletter abmelden.

**Datum**          **Unterschrift**

Teilnahmebedingungen: Dieser Gutschein ist nur auf postalischem Weg einzulösen.
Pro Person nur ein Gutschein gültig.

Heel Verlag GmbH, MIXX-Redaktion, Pottscheidt 1, 53639 Königswinter
Tel.: 02223/9230-0, Fax: 02223/9230-13/26, www.heel-verlag.de

# MIXT DU SCHON?

**Du bist ein Fan
des Thermomix?**

**Du hast kreative Ideen,
die du gerne mit deinem
Thermomix umsetzt?**

**Du möchtest immer wieder
neue Rezepte mit deinem
Thermomix ausprobieren?**

**Dann suchen wir dich!**

Ob internationale Küche, feine Backideen oder saisonale Rezepte, von der Haute Cuisine bis
zur Hausmannskost, vom Lieblingsessen für die Kleinen bis zu raffinierten Spezialitäten für
die große Party – wir suchen innovative Ideen fürs Kochen mit dem Thermomix!

Wenn du Lust hast, ein Kochbuch mit uns zu machen, Rezepte für eins unserer nächsten
Thermomix-Bücher aus deiner persönlichen Sammlung beizusteuern oder deine Tipps und
Tricks mit anderen Thermomix-Fans teilen willst, melde dich bei uns:

**Edition Lempertz, Team mixtipp, Hauptstr. 354, 53639 Königswinter**
**Tel.: 02223 / 900036, Fax: 02223 / 900038**
**info@edition-lempertz.de, www.edition-lempertz.de**

### Mixtipp: Fischgerichte

120 Seiten, Format: 17 x 24 cm,
Klappenbroschur, durchgehend farbig bebildert,
ISBN: 978-3-96058-975-4
9,99 €

Lust auf Fisch? Für alle Liebhaber maritimer Speisen hat das Team Mixtipp gemeinsam mit dem Autor Gerry über 40 leckere und ausgefallene Fischrezepte zusammengestellt. Neben traditionellen Gerichten mit Lachs oder Matjesstückchen in Dillsahne experimentiert Gerry auch mit exotischen Meeresbewohnern. Von Vorspeisen, über Suppen hinzu Meeresfrüchten und Fischgerichten, für jeden Geschmack und Anlass ist etwas dabei. Außer den Rezepten bietet das Buch eine umfassende Warenkunde, was auch Anfängern den Einstieg in die Fischwelt erleichtert.

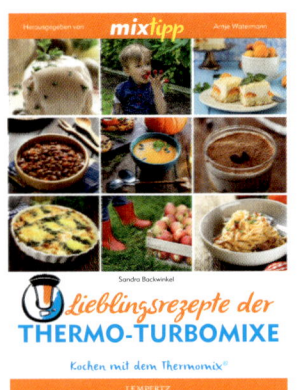

### Mixtipp: Lieblingsrezepte der Thermo Turbomixe

ca. 104 Seiten, Format: 17 x 24 cm,
Klappenbroschur, durchgehend farbig bebildert,
ISBN: 978-3-96058-037-9,
9,99 €
*Erscheint Februar 2017*

Sandra Backwinkel – das ist doch die charmante Youtuberin, die als Thermo Turbomixe schon über 100 Rezeptvideos ins Netz gestellt hat. Gemeinsam mit dem Team Mixtipp bringt sie nun ihr erstes Kochbuch heraus: Hier erwartet den Leser eine bunte Mischung aus alltagstauglichen Leckereien wie Suppen, Desserts und Salaten – aber auch Hauptgerichte, Liköre, Dips und Aufstriche und Babybreie kann die Thermo Turbomixe! Wie immer sind die Rezepte sowohl mit dem TM 31 als auch mit TM5 zuzubereiten. Viel Spaß beim Nachkochen!

### Mixtipp: Aufläufe

ca. 104 Seiten, Format: 17 x 24 cm,
Klappenbroschur, durchgehend farbig bebildert,
ISBN: 978-3-96058-035-5,
9,99 €
*Erscheint Februar 2017*

Jedes Kind liebt sie, jeder Erwachsene ebenso: Aufläufe, Gratins & Co. Auch das Team Mixtipp kann der Versuchung aus dem Ofen nicht widerstehen und hat seine liebsten Auflaufrezepte für den Thermomix zusammengestellt.
Als Kartoffelgratin, Nudel- oder Gemüseauflauf, Crumble oder Soufflé kommt er daher und erwärmt stets aufs Neue unser Gemüt. Ob ein herzhafter Kürbisauflauf mit Speck oder ein süßes Nusssoufflé, ein exotisches Kokosgratin mit Kardamom oder der italienische Klassiker Lasagne - für jedes Leckermaul wird sich in diesem Rezeptband etwas finden.